人生を
ガラリと変える
「帰宅後
ルーティン」

リュ・ハンビン
小笠原藤子 訳

文響社

아침이 달라지는 저녁 루틴의 힘
(THE POWER OF THE EVENING ROUTINE
THAT CHANGES THE MORNING)
by Ryu Hanbin

Original Korean edition published by Dongyang Books, Inc.
Japanese character edition is published
by arrangement with Dongyang Books,Inc.
through BC Agency, Seoul & Japan Creative Agency, Tokyo

帰宅後ルーティンで、新しい人生が始まる

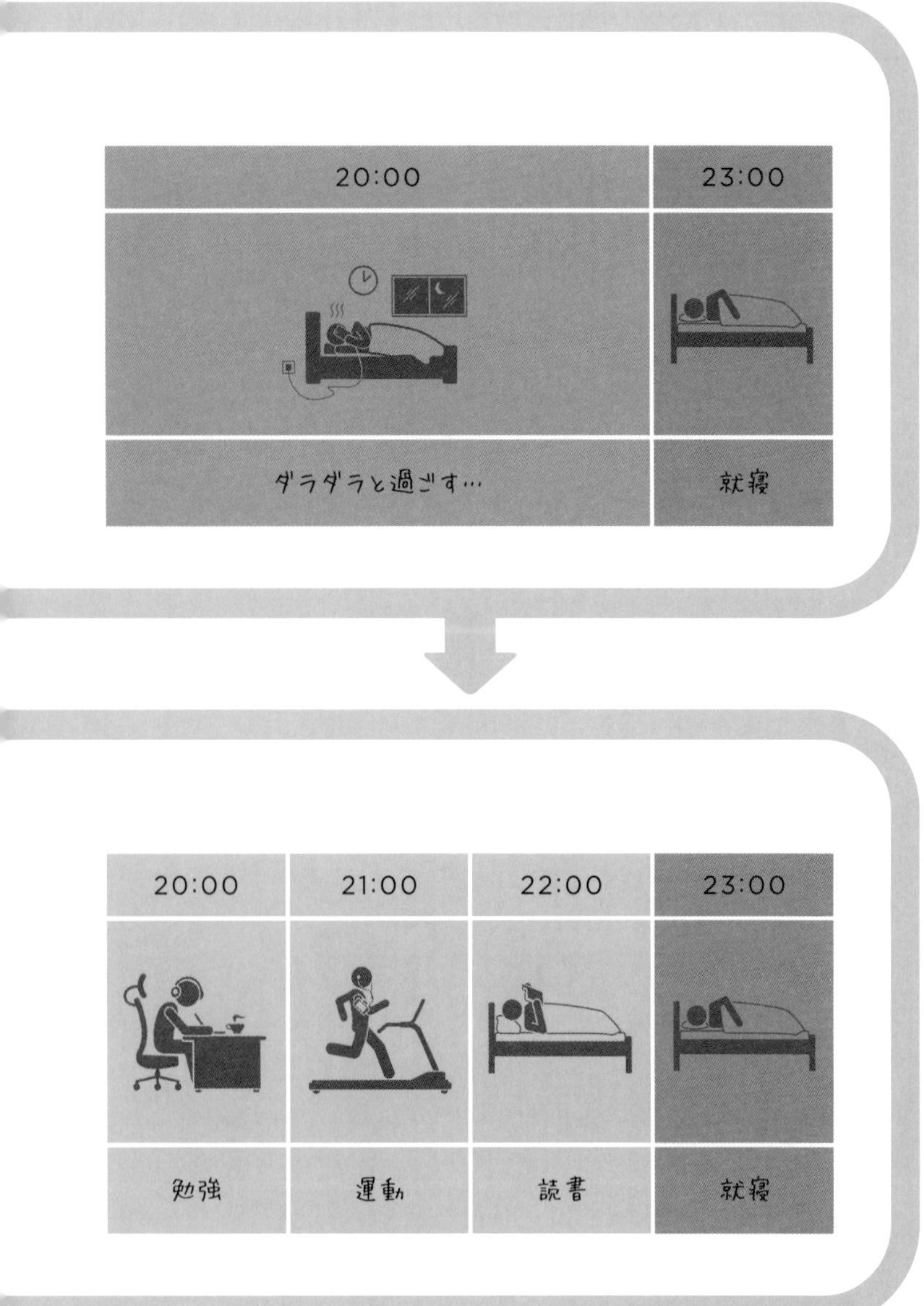
20:00
23:00
ダラダラと過ごす…
就寝
20:00
21:00
22:00
23:00
勉強
運動
読書
就寝

帰宅後ルーティン ビフォー＆アフター

ビフォー：帰宅後ルーティンがない日

07:00	08:00	09:00	19:00
	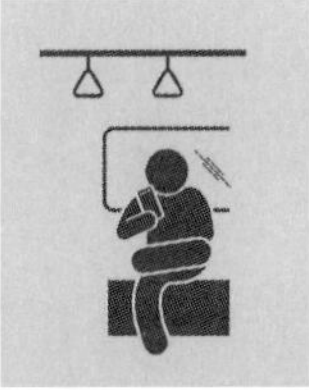		
なかなか起きられない	ネットサーフィンをしながら通勤	仕事	帰宅＆夕食

アフター：帰宅後ルーティンがある日

07:00	08:00	09:00	19:00

スッキリと起床	読書しながら通勤	仕事	帰宅＆自炊

はじめに

帰宅後に、新しい一日が始まる

特別なことがなければ、私は必ず定時で上がる。もちろん月に一、二度は予想外の仕事が入り残業することもあるが、意味もなく仕事を先延ばしにしたり、周りの目を気にして残業することはないようにしている。また別の一日が、私を待っているからだ。

ほとんどの人は、会社が終われば、今日もがんばった自分に休息をプレゼントするだろう。

例えば、一日の終わりにホッと一息ついたり、ごろごろしたり。数年前までは、私もそうしていた。帰宅後に運動をし、自己啓発でもした後に一杯のビールで一日を終える――そんな社会人の姿に学生の頃の私はあこがれていたのだ。

ところが、いざ社会人になると、「自分の役割をしっかり果たさなければ」と、のしかかってくる重責や、体力的、精神的な消耗は想像以上だった。

社会人一年目のときは、先輩たちみんなに見張られている気分で、大きく息をつくだけでも怒られそうな重圧の中、9時間をなんとか辛抱して職場を後にした。自宅に戻ると晩ごはんを食べる力も残っていなかった。死んだようにぼうっとしているうちに、なんとか眠りにつくと、今さっき目を閉じたはずなのに、けたたましく鳴り響くアラーム音に涙しながら朝を迎え、また出勤準備をする、その繰り返しだった。

こんな生活を一ヵ月ほど続けると、自分はまるで働く機械のように思えてきた。ある瞬間、これは何かおかしい、正常ではないと思うようになった。明らかに自分を見失っているようだった。社会人としてではなく、自分らしく生きる時間が切に必要だと感じられた。それでもすぐに仕事をやめるわけにはいかないから、私は帰宅後の時間を意味あるものに変えようと思い至ったのだ。

始まりはひとりカラオケと書店でのショッピング

とはいえ、すでに職場でエネルギーをすっかり使い果たしたところに、帰宅後、さらに何かに挑戦するのは決して簡単なことではなかったが、とりあえずそれが何であれ、仕事が終わった後にもできるんだと自分自身に証明したかった。

初めは一人でカラオケに行って、何曲か歌ってから帰路についた。傍《はた》から見れば滑稽かもしれないが、一日のうちのほんの短い時間でも好きなことをして過ごすんだという、あがきのようなものだった。ところが驚くことに、あがいているうちに、仕事が終わった後にも何かできそうだという勇気が湧いてきた。

次に、会社帰りに通りがかる書店に日々立ち寄ることにした。初めて試した、自分だけのルーティンだった。15分程度、本やかわいい文具類を軽く物色してからまっすぐ家に帰るだけでも、一日が違う形で満たされていくようで、心が軽やかになった。やがて、本を買ったり、カフェで1時間ほど読書をしたりするようにもなった。仕事関連の資料を読んだりすることとさえあった。

動物はいつでも置かれた状況に適応するという言葉を、身をもって体験したように感じた。こんなふうに時々退勤後の時間を、好きなことや自己啓発にあてることに慣れてしまうと、仕事が終わった後の時間を完全に自分のものにすることができた。

そんな中、大学時代に共に演劇をしていた劇団代表に、一緒に公演をしないかと声をかけられ一年目の最後には演劇の公演に出演するまでに至った。

なんと二ヵ月もの間、会社帰りに劇団練習室に向かい、夜10時まで練習してから帰宅するという生活を繰り返したのだ。十日間の公演を無事にやり遂げると、もう退勤後に何でもできそうな自信が生まれた。その瞬間から、仕事が終わった後はすっかり私のための時間になった。

帰宅後ルーティンで、人生が変わった！

仕事が終わって帰宅後、私は自宅で「二度目の一日」を始める。以前なら、食事をしてベッドに横たわり、次の日のことだけをぼんやり考えていたが、今はその時間にYouTubeにアップする動画編集をし、仕事のスキルアップのためのコラムや論文資料に目を通して勉強している。何年にもわたって読書もしてきた。最近では手話に関心が芽生え、オンライン講義まで聴き始めた。

寝る直前には、今日一日、1時間ごとに記入したデイリープランナー（スケジュール表）をざっと眺めて、今日うまく集中できたのはいつか、時間をムダにしたのはいつ何をしていたときかチェックする。さらにオンラインで開催中の「毎日デイリープランナーを書く会」のチャットルームに入り、今日書いたプランナーをアップする。そして11時になると、翌日に備えて早々とベッドに入る。

これがまさに私の一般的な「帰宅後ルーティン」だ。なにしろやりたいことが多く、時には俳優として、時にはオンライン講座講師として活動する日々。広告用映像の制作や演劇の公演、オンライン講座の開催など、長期プロジェクトを担う場合は、ルーティンに若干の変化が生じるが、時間をもう少し綿密に管理するだけで、決められたルーティンをおろそかにはしない。

そのため、プロジェクトが終わっても帰宅後の時間はいつでも「すること」でいっぱいだ。私はこうして退勤後に新たな一日を始める。「一日を二毛作すること」が、私にとってごく普通の日常となった。

人生を2倍生きるチャンス

韓国では、二〇〇四年に週五日勤務制が導入されてから、人々は「週末」という固定時間を確保するようになった。そして二〇一八年に週52時間勤務制が導入され、「夜」という固定時間が生まれた。労働時間が短縮されていく上で、生活・文化環境はもちろん、個人の価値観にも大きな変化が生じた。

人々は、一日中仕事だけに邁進《まいしん》して仕事=自分がアイデンティティーだった生活から抜け出し、勤務時間外の自分のあり方について考え始めた。

会社員である「私」ではなく、個人としての「私」は、どんなことが好きなのか、「私」にはどんな才能があるのか、積極的に探るのだ。

好きに使える時間が増えるにつれ、人々は仕事が終わった後に、自分が好きで得意なことを楽しめるようになった。

しかし、相変わらず特に何をすべきかわからず、定時上がりの日にもかかわらず、残業をしてきたかのように、ぼんやりと時間を過ごしている人が多い。早く寝てしまうのが惜しくて、とはいえ何かをする気にもなれず、ただYouTubeを見ながら寝落ちするのだ。本書はまさにそのような人々に向けた内容が詰まっている。

仕事が終わって帰宅した後の時間は、人生を2倍生きることができるチャンスだ。お金を稼ぐためにしぶしぶする仕事とは異なり、自分が本当に好きなことに邁進することができる時間なのだ。

ワーク・ライフ・バランスの「ライフ」を、ひたすらベッドに寝そべりYouTubeやネットフリックスを見ながら過ごすのではなく、もっと生き生きと過ごしたい。そう思い悩んでいる人に、本書では誰よりも充実した、自分だけの帰宅後時間をコントロールするノウハウを、6つのLESSONという形式でお伝えしたい。少なくとも、時間がもったいないという気はしなくなるはずだ。

リュ・ハンビン

目次

LESSON 1

帰宅後の過ごし方を変える4つの質問

LESSON 2

帰宅後ルーティンで得られる4つの贈り物

LESSON 3 充実した一日を過ごすための目標設定ロードマップ

LESSON 5 帰宅後ルーティンがうまくいく5つのポイント

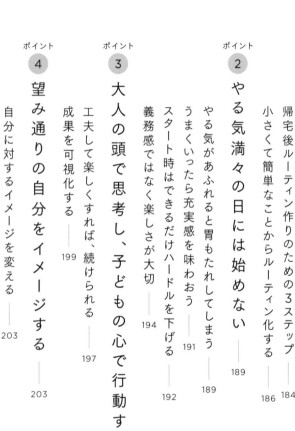

LESSON 6 崩れそうなルーティンを守る6つの危機対処法

LESSON

1

帰宅後の過ごし方を変える4つの質問

帰宅後は死んだように
ベッドに横たわる日々の繰り返し。
いつしか自分が機械的に
働いているように感じられた。

私は考えを改めることにした。
夜は、自分のための時間だ。
それに気づいた瞬間、人生が変わり始めた。

人生は流れていくものではなく、
満たしていくもの。
私たちは日々をただ過ごすのではなく
自分が手にしたもので日々を満たしていくのだ。
——ジョン・ラスキン（19世紀イギリスの評論家）

質問

1

やりたいことは週末にしかできない？

一日を見つめ直すと新たな時間が生まれる

多くの人が平日を「出勤日」、週末を「出勤しない日」だと考えている。そして平日には二つのことだけをする。一つは「仕事」、もう一つは「仕事をしない週末を待つこと」。でも、それほど待ち望んだ週末になっても、特にすることがない。

「夏休みになれば、あれもこれもやるんだ！」と心に誓っておきながら、いざ休みが終わろうとする頃には、何もできずにぼうっとしていた学生時代みたいに、「週末にこれもして、あれもするんだ！」と心に誓っておきながら、いざ週末にしたことを振り返ってみると、別に何もしていない。

ある日、私は考えた。平日を出勤日、週末を出勤しない日だと考えるのは、一日を一括《ひとくく》りにして考えているからだ、と。**一日を分けてみればわかるように、平日に24時間ずっと働いているわけではなく、週末も24時間ずっと遊んでいるわけではない。**

それなのに、人々は出勤する平日には、出勤前にも帰宅後にも何か他にできるとは思っていない。彼らにとって朝は目を開ければ急いで出勤準備をする時間であり、帰宅後は疲れた体を引きずって帰宅し、一日を終える時間だからだ。このように、平日の存在目的を「働く日」と限定してしまうと、本当に24時間ずっと働いている気分がするだろう。

私は、時間をひとまとめにして見ず、時間を前後に見渡すこともせず、一瞬一瞬に集中しながら、すべての時間を拡大して見ることにした。

平日の24時間を細かく分ければ、会社に滞在する時間は一日24時間のうち、休憩時間を含めても9時間ちょっと。日々7時間睡眠をとるとしても、仕事以外の時間は8時間だ。出退勤にかかる時間を除けば、少なく見積もっても毎日5〜6時間は働いていない時間がある。もちろんあれこれ仕事のために取られる時間があるとしても、最低でも毎日3〜4時間は確保できる。決して短い時間ではない。少なくとも週末だけを待ち望んでムダに過ごすにはもったいないくらいの時間だ。

午後6時まで働いたとしても、帰宅後の今この瞬間は働いていない時間だ。時間を括って見ようとせず、立ち止まってよく考えれば、時間を長く有効に使えるという自信が湧いてくる。

帰宅後こそ多くのことが実現できる

私も最初は週末の時間を活用して、やりたいことをしようと思っていた。YouTubeにアップする動画も主に週末に編集した。週末に他の用事がある場合は、平日の夜に編集をしたりもしたが、こんなやり方で長い間、動画編集をしていたところ、興味深いことに気づいた。

普段の平日の帰宅後に1時間半程度を動画編集に費やした。そうして二日間、帰宅後に作業すると動画一本が完成した。つまり、動画一本を編集するのに3時間程度かかる計算になった。だから、一日6時間程度投入すれば動画二本を完成できるはずだ。ところが、私が週末の一日で動画二本を完成できたことは、指で数えられるほどしかない。むしろ4、5時間もかけて動画一本完成できるのがやっとだった。これはどういうことなのか？　平日と週末では時間が過ぎる速度は違うのだろうか？

どんなことでも集中してやろうと思えば、まとまった通し時間が必要だという。もっともだ。何かを始めて加速し、没頭した状態に達するためには、ある程度の時間が必要だからだ。でも、この通し時間は3時間あれば充分だ。3時間以上同じことに集中し続けるのは、決して容易ではない。私は特に集中できる時間が短く、あちこちに気を取られがちなので、3時間ですら長く感じるほどだ。

時間がたっぷりあると思えば、効率は落ちる。自由時間が多いというのは、かえってより上手にセルフコントロールする力が求められるということだ。

こんなとき、デッドライン（締め切り）は良い促進剤になる。もしも平日の帰宅後に仕事をするなら、就寝時間が確実なデッドラインになってくれる。

私は夜12時を回ると眠れなくなってしまうため、遅くとも12時には必ずベッドに入るタイプだ。だから寝る前までに終わらせるべき分を決めておけば、よく集中できる。

一方、週末の朝に何かを始めると、なぜだか夜まで時間が充分にある気になり、なかなかエンジンがかからない。

仕事が終わって帰宅した後の時間は積み重ねれば決して短くはない。毎日帰宅後の2時間をサイドプロジェクト（副業）に費やすと仮定してみよう。退勤後2時間ずつ、週に五日間行うとすると、毎週10時間になる。

一方、週末にだけサイドプロジェクトを行うと仮定すると、土曜日に5時間、日曜日にも5時間費やさなければ、10時間も確保できない。そうすると、事実上、平日を含め、一日たりとも何もしなくていい日がなくなることになる。**サイドプロジェクトもいいが、何もせずのんびりできる週末のない生活はあまりにも過酷ではないだろうか？**

だから週末は別に取っておこう。その代わり、「帰宅後時間」を大切に活用してみよう。

好きなことなら疲れない

会社は「働く場所」、家は「休む場所」、朝は「出勤準備をする時間」、夜は「退勤後休む時間」という思い込みから脱すれば、退勤後に何もしない生活に、むしろ違和感を覚えてくる。

仕事が終わった後に休んでばかりいる人からすれば、帰宅後に何であれ一生懸命やる人は「すごい体力の持ち主」に見える。しかし人にやらされてすることと、自分が好きですることでは、エネルギーの消費量が異なる。

実際、仕事が終わってからあれこれ活動してみると、**会社が引けてから、自分が好きなことで時間をフルに使うことは、エネルギーを奪い取られることではなく、むしろエネルギーを満たしてくれることだとわかったのだ。**

帰宅後に何かをやり遂げる「パワー」は、運動をすることや、好きな食べ物をしっかり食べること、あるいはよく眠ることであふれてくる類《たぐい》のものではない。個々人の体力の有無とは関係なく、**誰でも生存するための最低限の体力さえあれば、空いた時間を生産的に使いこなすことはできるのだ。**実際に、体力があるかどうかとは、大きな関連性はない。ただその生活に適応できるか、適応できないかの問題だ。

どんなことでも、重要なのは、初めの一歩。もちろん習慣化され、自然に順応できるようになるまでには、体力的な苦痛を一度は経験するかもしれない。でも大変なのは初回だけで、苦痛はすぐに和らぎ、たやすく感じられるものだ。そのハードルをたった一度だけ乗り越えてみてはどうだろうか？

好きなことを見つけて実行し、昨日より少し成長した自分に出会えることは、自分をずっと輝かせてくれる。

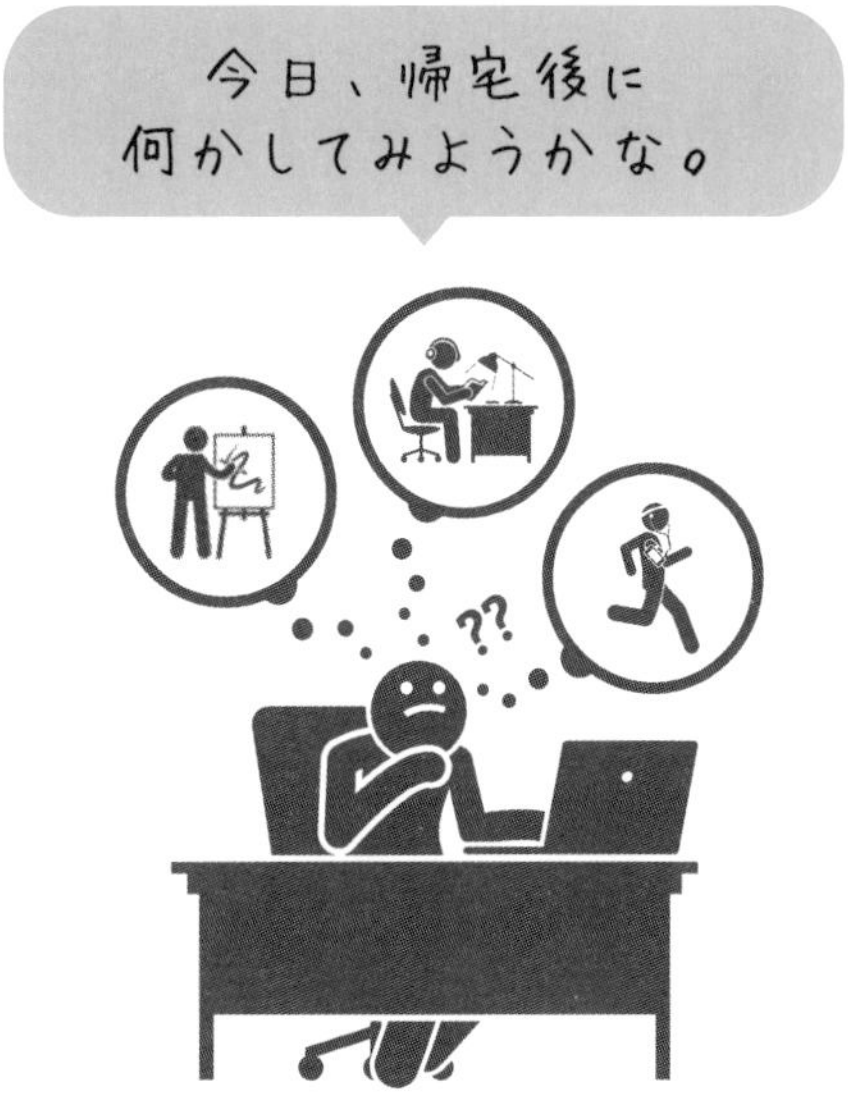

明日の仕事のことを考えると気が重い。
帰宅後の時間をムダにしているのでは?

質問

2

一生この仕事だけしていれば幸せ？

後悔しない生き方を探そう

退職後に時間を持て余している母親と、どうやって生きれば後悔しないかについて、よく話をする。母はあくせく働き続け、55歳で退職した。長期にわたり、母のアイデンティティーは「仕事」に縛られると同時に、「○○のお母さん」という名前に隠されていた。

長年そうやって生きてきた母は、退職して子どもたちが成人して自立した今、自分のアイデンティティーが失われた気分だと言う。自分が何のために生きているのか、どんなときに幸せを感じ、どうやって人生を満たせば悔いがないのか、悩んだことなどなかったから。母は、ようやく第二の人生を充実させるために悩み始めた。

一九八〇年以降に生まれ、二〇〇〇年以降に成人した世代を「ミレニアル世代」と呼ぶ。その基準によれば、私はミレニアル世代だ。この世代は「仕事」＝「自分」という人生を生きていない。ワーク・ライフ・バランスを追い求めている。つまり、職場ですべてのエネルギーを使い果たすことはせず、仕事と自分の人生のバランスを保とうとするのだ。「仕事」＝「自分のアイデンティティー」だった母の世代とは少々異なる。

私には、やりたいことが数えきれないほどある。

「人生をどう満たせば後悔しないだろうか？」と問われたら、即答できる。「やりたいことを、存分にやって生きる」

誰もが望む願いかもしれないが、私のように多方面のことに関心があり、あちこち手を出してみるのが好きな人には、本当に切なる願いだ。だからといって会社をやめて、やりたいことだけをするわけにもいかないので、「帰宅後の時間」に目を向けることにしたのだ。

目標＝「最高の社員」でいいですか？

私は日々、動物病院の勤務医として働いている。自分の仕事をこよなく愛し、獣医として向上したいため、夜にも時間を割いて専門分野の勉強をする。だが、帰宅後の時間をすべて「最高の獣医」になるために使いはしない。そして私の人生の目標もまた、最高の手術を担当できる獣医として名を轟《とどろ》かせることではない。

私はこの仕事を心から愛しているが、一生獣医の仕事だけをしなければならないなら、世界で最も不幸に陥るだろう。

それでも世間は「井戸を掘るなら一つの井戸を掘れ（石の上にも三年の意味）」と言う。ある分野に一生懸命没頭し、邁進し、その分野の専門家になれと言う。だが、私だけでなく、今の私たちの世代には合わない考え方だ。

そんなある日、偶然とある講演をYouTubeで聴き、私と同じ悩みを抱えている人が多いことを知った。

講演のタイトルは『天職が見つからない人がいるのはどうしてでしょう?（Why Some of Us Don't Have One True Calling）』。講演者のエミリー・ワプニックは、「あたかも一生、たった一つの天職を探し、その天職のために生きなければならないかのように、社会は私たちを型にはめているけれど、みんながみんなそう生きる必要はない」と語る。

好奇心が強く、クリエイティブな趣味がいろいろある人は必ずや存在し、自分がそのような人ならば、その情熱を思いきり振りかざして生きてもいいということだ。

その講演を聴いて、自信がついた。最高の会社員になれなくても、帰宅後、もっと思いきり自分らしく「他のこと」をする人になろうと心に決めたのだ。

帰宅後は、自分のしたいことを！

私は最高の獣医でも、最高のクリエイターでも、最高の俳優でもない。でも、たった一つのことだけは最高だと言える自信がある——仕事以外の「他のこと」で。

「勉強しろって言ったのに、他のことばかりして」とよく聞くセリフの「他のこと」だ。学生の本分は「勉強」。会社員の本分は、自分の業務に忠実に成果を出すことだ。

もし勤務医である私のアイデンティティーを「会社員」と限定するなら、帰宅後に「他のこと」に従事する必要はないと思われるかもしれない。とはいえ、誰だって一日24時間、会社員の役だけを演じては生き続けられないのではないだろうか？　だから私は帰宅後、さまざまな分野でやりたいことを実践している。

人々はワーク・ライフ・バランスの条件を「定時上がり」だと思っている。でも、週52時間勤務制によって得られた帰宅後の自由時間をみんながどうやって使っているのかを訊いてみたい。「ワーク・ライフ・バランス、いいよね！」と声高に言う人々は、いざ仕事以外となると、自分が得意で楽しいと思うものが、いったい何であるかもわかっていない場合が多い。

帰宅後時間を充実させたいなら、自分が仕事以外に何をすれば幸せを感じられ、仕事以外で発揮できる自分の能力にはどんなものがあるのか、どんな「他のこと」をしたいのかを考えてみよう。

母は退職後、私は退勤後、1分たりとも生活をおろそかにしないためにはどうすればいいのか、ずっと考えている。

これからの時代は「いつ退勤しようか?」ではなく、「退勤して帰宅後、何をしようか?」について考えるのが重要ではないだろうか?

一生この仕事だけで生きていける？
もっと楽しいことはないだろうか。

質問 3 今の収入だけで未来を描ける？

老後、所得ゼロでも困らない戦略

給与明細を手にすると、先月とほぼ同じなのに、ぼんやり眺めてしまう。給与明細には私の名前、職級、雀の涙ほどの支給額と細かい控除内訳がずらりと記載されている。その一つの「国民年金」の項目が目につく。後々、年を取り、働けなくなったら、私を養ってくれるはずのお金だ。果たしてこのお金は、老後の私を充分に養ってくれるのだろうか？

誰でも漠然と想像してみたことがあるだろう。退職後、日当たりのいい縁側に腰掛け、猫のゴロニャアという声を聞きながら、好きな本を片手に時間を過ごし、時には旅行にも出かけながら、余裕ある老後を過ごす自分の姿を。

しかし、そんな想像はそう簡単に現実になるわけがない。実際には今現在、老後に待ち構える長い低所得期間を耐える具体的な戦略が必要なのだ。運が良ければ定年まで職に就いていられるが、運が悪ければリストラなどで予想より早く退職に追い込まれるかもしれない。

それでは稼ぎのある現役時代に、ひたすら財布の紐を固く締め、長い余生を賄えるほどの大金をコツコツ稼ぎ、貯金しておけばいいのだろうか？

それよりもっといい案がある。**それは、退職せず一生働いて収入を得る、自分だけのキャリアを作ることだ。**

得意なこと、自信を持てることを探す

私たち給与所得者の大多数は、企業のほんの小さな一員として生きていく。会社単位の非常に大きな仕事は、細かく分業化、専門化され、その小さな一つの仕事を一人

一人が担っている。年次が上がるほど、担当する職務はどんどん得意になる。要するに、性能の良い歯車に近づくことになる。

だが、歯車は機械内にあるときにだけ、その能力を発揮できる。退職後、一人になった歯車にできることなどあるだろうか？

もちろん、私を養ってくれる職場には感謝している。時にはミスもするし、あれこれトラブルが生じて上司が私にがっかりしても、時は流れ、給料日は巡ってくる。「何があっても給料日はまたやって来る」というのは、実際どれほど心強く、精神的な安定をもたらしてくれることか！　そして同僚たちと同じ目標のために協力しながら切磋琢磨する時間もかけがえのないものだ。組織の中でだけ感じられる帰属意識と連帯感も人によっては幸せの重要な要素になり得る。

でも、自分が得意なことや自信を持ってできることを、上司の決裁なしで主導してみることも、会社員生活以上に重要だ。そのような能力こそが組織から抜けた後、一生保てる「本当に安定的な仕事」につながる。

だから私は「帰宅後時間」を確保して以来、何から何まで自分の裁量でできるプロジェクトに挑戦し続けている。

一生好きなことをしながら、お金を稼ぐ

小学校の社会科の時間に習った職業の意義を思い出してみよう。職業は、生きていく上で必要となるお金を稼ぐため、一定期間以上続けなければならない仕事だとする。また、所得を得ること以外にも、職業は私たちに幸せおよびやりがいを与えてくれるという[1]。

収入と幸福——この二つの要素は欠かせない。なんと小学生が学ぶ内容だ。ところが、大部分の会社員は、給料日だけを心待ちにし、勤務時間に耐え、一刻も早く会社を出ることだけを楽しみに生きている。仕事をしながら「幸福」や「やりがい」を感じられるケースは多くない。

だからといって、職場から抜け出せば、そこに「幸福」があるのだろうか？　幸福はあるとしても、収入がないのが一般的だ。血と汗の結晶で手にした給料のことを忘れて楽しむ幸せは、完全なる幸福なのだろうか？

もし、仕事をしているときに幸せを感じ、仕事をしていないときにも収入があるとしたらどうだろうか？　理想郷《ユートピア》があるとすれば、まさにそこではないだろうか？

荒唐無稽な話だと思うかもしれない。だが私の目標は、興味を持ちながら仕事をし、好きなことをしながらお金を稼ぐことだ。

〝No pain, no gain.（苦痛なくして得られるものはない）〟という言葉があるが、私はこの言葉を忌み嫌っている。しかも苦痛（pain）が自分自身で選択した苦痛ではなく、外部から与えられる苦痛だとしたら、当然受け入れがたい。私は収入と幸福、その両方をあきらめたくなかった。だから帰宅後に好きなことをして、自ら収入を生み出す人になろうと決めたのだ。

さあ、副業を始めよう

韓国の新韓銀行が二〇一九年九月から十月まで経済人口1万人を調査し発刊した『一般人の金融生活報告書』によると、経済人口の10％がすでに投資をしており、50％

は今後、投資をする気があるという。なお、日本でも、二〇二〇年十二月に実施された野村アセットマネジメントの調査によれば、投資家人口は人口全体の26％にあたる2696万人と推計されている。[2]

韓国では、「Nジョブラー（副業をする人）」という新しい造語まで登場するこの頃、複数の仕事を持つことに関心が高まるにつれ、YouTubeで副業のノウハウを伝授するチャンネルが人気を集めている。また、オンライン講座のプラットフォームでも、ショッピングモールの起業方法、電子書籍の制作販売方法など給与以外の収入を得る方法を教える講座が徐々に増えている。

昔はサイドプロジェクト（副業）と言えば、運転代行サービス、早朝の新聞配達などをまず思い浮かべたが、最近では本人の関心事から始めるのが主流だ。帰宅後にできる、やりがいのあるおもしろいことを探すうちに、「自分が好きなことでお金を稼げるだろうか？」と思うようになるのだ。こうして好きなことで収入を得る人々が増えると、「ホビープレナー（Hobby-preneur）」という単語も現れた。趣味を意味する「hobby」と、起業家を意味する「entrepreneur」の合成語だ。

私は時々出演料をもらって舞台に立ち、映画に出る。時には映画を撮影したりもする。初めは大学時代に所属していた劇団から、趣味として学んだ演技によって収入を得ていた。そうして映画の撮影現場をよく訪ねるうちに、撮影と編集についての技術やセンスを自然に身につけることができた。そのおかげで、今はYouTubeの動画でも収益を上げている。趣味として始めたことでお金を稼ぐ、「ホビープレナー」として生きられるようになったのだ。

会社員という安全装置がある今は、趣味ですぐに大金を稼げなくても構わない。ただ自分が好きなことをするんだという気持ちで、帰宅後に、少しずつサイドプロジェクトに挑戦してみてはどうだろうか？

若くしてサイドプロジェクトとして始めたことが、老後の自分を養ってくれるかもしれない。

収入源が一つだけで
本当に一生食べていける？

質問 4 退職すればやりたいことができる？

熾烈な就活の終わりは、退職の始まり？

会社員たちの間で、常に盛り上がるキーワードは、まさしく「退職」と「起業」だ。

韓国では就職準備活動をする学生を意味する「就活生」を変形させ、退職準備活動をする人を「退活生」とする新しい造語まで生まれた。

就職ポータルサイトで会社員282名を対象に行われたアンケート調査によれば、会社員46・1%が、準備さえ整えば退職する気がある「退活生」だという[3]。

退職を準備する最大の理由としては、仕事に対する満足感が低く、自分の成長を感じられないからだとしている。就職はますます過酷になり、初就職の年齢も遅くなっている。それなのに退職は徐々に早まっているのが現状だ。長く続いた「就活」の果てに、皮肉にも早く「退活」が始まるのだ。要するに、人は食べていくためだけに会社勤めをするのではないということを意味している。

食べていくことは、非常に重要なことだ。でも、最近の世代は、ただ与えられたことをこなすだけではなく、達成感を得ることも望んでいる。達成感を重要視する人であればあるほど、会社をやめて好きなことをやりながら自己実現を図ろうとし、こぞって退活生になるのではないだろうか?

しかし問題は、「退職すれば、金銭的には少しばかり余裕がなくてもしたいことをしながら幸せになれる」と勘違いする人の多さだ。

起業も同様だ。退職後、好きなことで起業するのも、決して容易なことではない。自分の仕事を立ち上げて収益を上げなければいけないのに、組織の一員として働いてきた人は、起業で必要とされるような仕事の経験を積んできてはいないからだ。

私は新たな経験をするのが好きで、おもしろそうなことや意味がありそうなことがあれば、初めてであってもとりあえず挑戦してみるタイプだ。同時に、怖がりな性格で、安定志向でもある。挑戦的でありながら安定性も求めるというと、どこか矛盾しているように聞こえるかもしれないが、両方とも正確に私自身を表している。私にとって、新しいことはおもしろいが、それが危険を伴うなら、おもしろくないのだ。

背水の陣を敷いても勝てない

「背水の陣を敷く」という言葉がある。水辺に背を向け陣を張るという意味で、これ以上退くことができない状況に置かれ、決死の覚悟で物事に臨むとき、「背水の陣を敷く」という。漢の名将韓信が勝利を収めた井陘《せいけい》の戦いに由来する言葉であるが、実は背水の陣は、井陘の戦い以外の数多くの戦いでは失敗した戦略だった。

怠惰な人であるほど、自分は極端な状況にならないと動けないと考える傾向がある。「退職さえすれば、ウェブ小説も書き、YouTuberにもなり、退職さえすれば、何でもできる」と思っているのだ。

普段は面倒だから、時間がないからと、あれこれ言い訳して先延ばしにするが、時間がたっぷりできて、貯金が底をついた極端な状況に置かれればなんとかするだろう、と。一理なくはない。プロジェクトの締め切り前日や、試験の前日になると、超人的な集中力を発揮するように。

しかし、締め切りにせかされて焦《あせ》って作成したものは、果たして良い評価を得られただろうか？　試験前日に詰め込んだ結果得た成績は、満足できるものだっただろうか？　時間と努力に対して充分な結果を得られ、自分なりに満足できる人もいるだろうが、切羽詰まってこなした仕事でなかったなら、もっと良い結果が得られたのではないだろうか？

窮地に追い込まれた人が成せることは、そうそう立派なものではないはずだ。

退職して時間ができたらやってみたいことを自由にできるというのは、もしかしたら思い込みにすぎないのではないか？

帰宅後時間を活用するだけでは、本格的に始められないこともあるだろう。でも、一度考えてみてほしい。本当に「してみたいこと」が退職しなければできないことなのかどうか。ただ言い訳にして先送りしているだけではないかどうか。

自分が怠け者だと思うなら、背水の陣を敷かず、平日の帰宅後にどんなに小さい規模でもサイドプロジェクトに挑戦してみよう。もちろん帰宅後に新たなことをするのは、多かれ少なかれエネルギーが必要だ。それでも自分がその仕事を毎日繰り返せるかどうか、試してみよう。

退路がなくても本当に勝てる戦術なのか、自分がそれほどの力を持った兵士なのか、あらかじめ探っておくことだ。

人は、思った以上に強いが、同時に思った以上にか弱い存在でもある。窮地に立たされ超人的な力を発揮できるかもしれないが、窮地に立たされ倒れ込んでしまうかもしれないのだ。

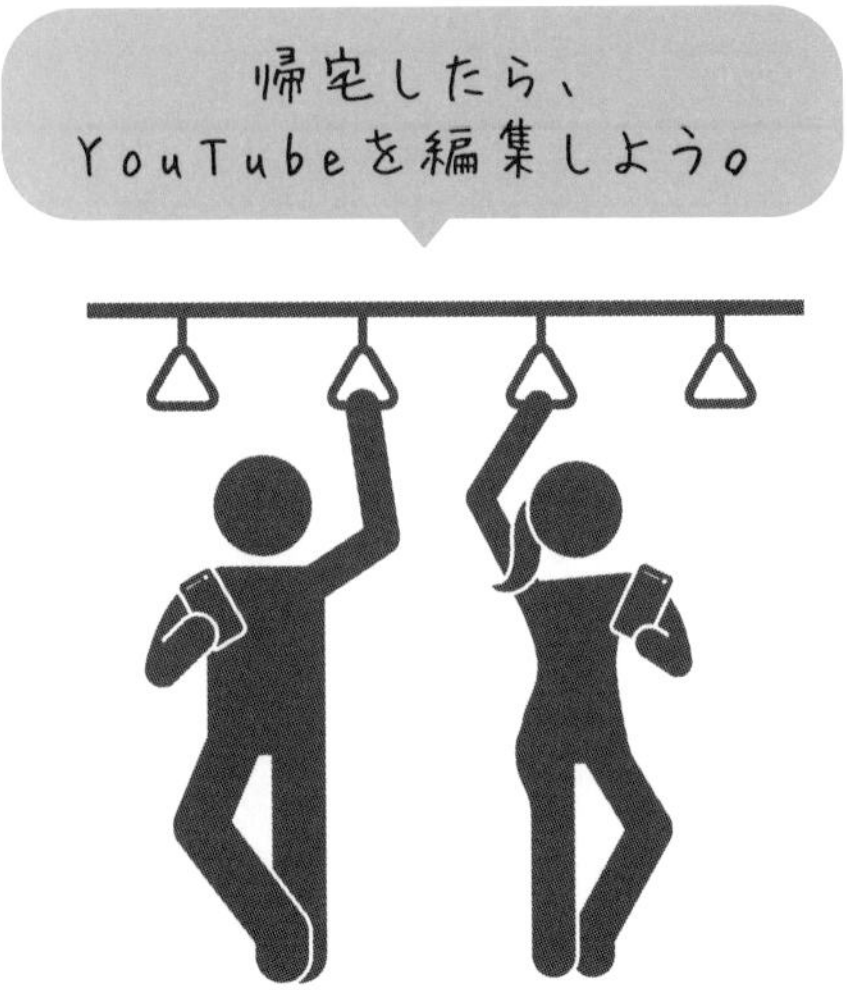
帰宅したら、
YouTubeを編集しよう。

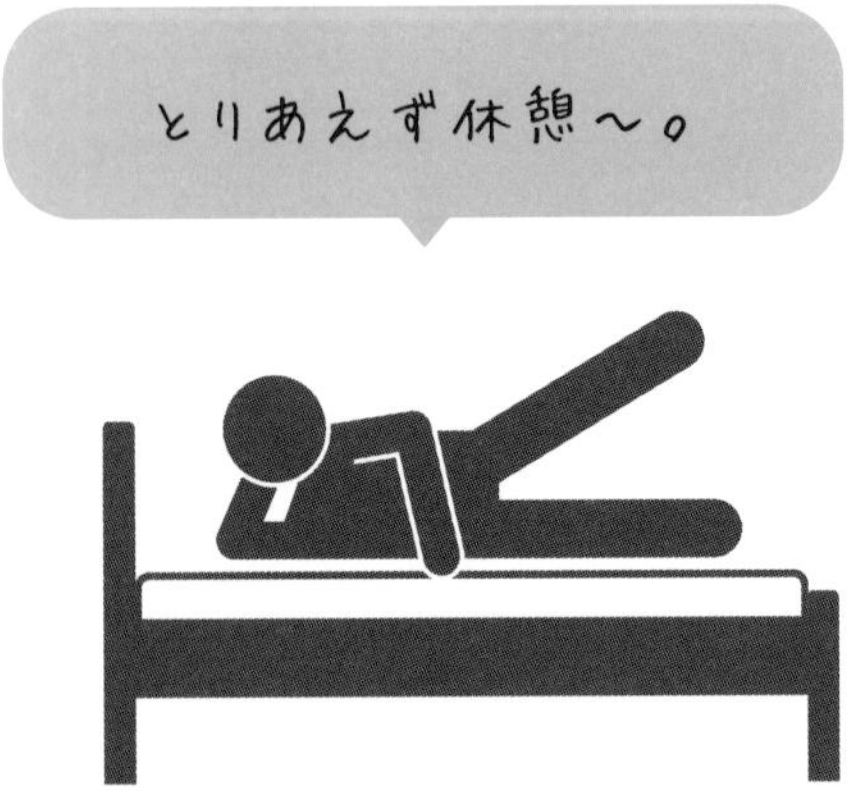
とりあえず休憩～。

定時で帰宅すれば、
やりたかったことが本当にできる？

TIPS

帰宅後にできることの探し方

仕事が終わって帰宅後に何かしたいけれど、何をすべきかわからないという人が多い。会社勤めだけで終わりたくないという気持ちでサイドプロジェクトに挑戦したくても、いざ始めようとすると、何をしていいのかさっぱりわからないのだ。

帰宅後の時間を使って本格的に「何か」をしようと決心したとき、自分にぴったり合うことを始められる人はまずいない。私もまた、数多くの試行錯誤を重ね、今の自分にぴったりの活動を探し出し、ルーティンを作り上げた。

帰宅後に何をするのか決める際、特にそれが「サイドプロジェクト」のように大掛かりなものを選ぶときに考慮すべき点は以下の通りだ。

1 疲れていてもできることを選ぶ

帰宅後時間の活用はラクではない。職場で体力と精神力を消耗するのだから、帰宅後は疲労困憊《ひろうこんぱい》の状態に近い。そのため、帰宅後にすることまで仕事のように感じるなら、残業時の疲労感を味わうことになる。

だからこそ、疲れた日にも目の輝きを保てることをしよう。探せば一つくらいはあるはずだ。

必ずしも生産的でなくていい。映画鑑賞やK-POPのミュージックビデオ鑑賞など、好きなことなら何でも構わないから、時間を決めてひたすらやってみよう。

そうやって自分の中に少しずつためられたデータは、後々収入を生み出すコンテンツになり得る。

❷必要な時間と費用をあらかじめ計算する

新たなことを始めるとき、情熱も重要だが、現実的に時間と費用をあらかじめ計算しておかなければならない。特にサイドプロジェクトを準備するのなら、不可欠だ。事前に計算しておかなければ、ある瞬間に突然、自分の時間と費用を膨大に奪われていると感じ、中断せざるを得ない可能性が高まる。

❸とりあえず試して、合わなかったら断念する

サイドプロジェクトはその言葉通り「サイド」プロジェクトだ。自分が専門性を発揮している本業が別途あるからこそ、**サイドプロジェクトは軽い気持ちで挑戦し、失敗してもいい。**お試しで挑戦してみて、合わなければいつでも白紙に戻せる。

学生時代、進路相談のために希望の専攻を書くたびに大きなストレスを感じた理由は、実際に試してもいないのに、人生の大きな決断をしなければならなかったからだ。だが結局のところ、大変な思いで選択した専攻ですら、一生つきまとわれたりはしない。サイドプロジェクトは、それよりもずっと軽いものだ。いくらでもやってみて、合わなければ代えればいいだけだ。

もしかしたら、この本を読んでいるみなさんが勇気を出せるかもしれないと思い、私が試してみては断念したすべてのサイドプロジェクトのリストを次のページに載せておこう。

数多くの試みと失敗があったからこそ、最終的には自分にぴったりのサイドプロジェクトを探し当てることができた。みなさんが、小さなトライ・アンド・エラーにこだわりすぎませんように。

● **インスタグラムのインフルエンサー**

↓ 感性あふれる写真を撮れず、最近の感性の理解にも苦しみ失敗に終わった。

● **ダンス習得**

↓ 想像以上に自分にセンスが感じられず、やめた。

● **ミュージカル俳優に挑戦**

↓ ミュージカルの演技は楽しかったが、演技・歌・ダンスという総合エンターテイナーとしての資質に欠けていると悟り、演劇と映画だけに集中しようと決めた。

● **英語学習コンテンツをひたすら制作**

↓ 英語力が非常にゆっくりとしか上達しなかったため、コンテンツ制作には不向きだと感じ、中断した。

● **電子書籍の制作・販売**

↓ スキルや経験が足りず「才能マーケット」サイトで却下された。

● **ストックフォト（撮りためた写真）の販売**

↓ 車がなく、写真撮影に出かける際に限界を感じ、断念した。

● **デザインソフトの使い方を学ぶ**

↓ 几帳面な性格ではないため、すぐに興味が失せた。

● **絵を習ってウェブ漫画を描く**
↓ そもそも絵心がなく、時間があまりにもかかりすぎてやめた。
● **収益型ブログの運営**
↓ 自分がおもしろいと思うテーマについて書くのではなく、検索されやすいキーワードに合わせて文章を書かなくてはならないため、つまらなくてやめた。収益型ブログに関する講義を聴くために大金を費やしてしまった。
● **起業家向けアプリの制作**
↓ 開発費が思った以上に多くかかるため、やめた。
● **ブックレビュー専門のYouTubeチャンネルの開設**
↓ 読書は好きだが、書評を書くのは難しくて断念した。

この中に、みなさんにはぴったりのサイドプロジェクトがあるかもしれない。私はだいたい十回に一回当たるくらいの確率で、自分にぴったり合うサイドプロジェクトを探し当てた。何が合うかわからなければ、とりあえず軽い気持ちで十個程度試してみよう。

LESSON

2

帰宅後ルーティンで得られる4つの贈り物

帰宅後、自分がしたいことを
計画通り、一つずつ達成させること。
好きなことをしながら、成果を得ること。
こんなあらゆることが、
私の人生を輝かせてくれた。
眠りにつく前には、明日が待ち遠しくなり
朝、目を開けると、幸せを感じる。

一日もあれば、私たちは
充分に成長できる。
――パウル・クレー（スイスの画家）

贈り物

1

自己肯定感：自分の価値を信じられる

失われた自己肯定感を求めて

会社と自宅だけを往復し、やっと迎える週末。それなのに、週末はなぜこんなに早く過ぎ去るのか。週末の夜が訪れれば、「出勤」という二文字がちらつき気が滅入る。自分のアイデンティティーは某会社の某職級、それがすべてのような気分になる。

たまに会社でうまくいかなかったり、上司に怒られたりすると、自分の存在が全否定されるようで、なおさら落ち込んでしまう。「何が問題なんだろう？　自己肯定感が低いから？」と考えてしまう。メディアがそろいもそろって「低い自己肯定感を高めよ」と騒ぎ立てるせいだ。

ある日を境に「自己肯定感ブーム」が起こり始めた。「些細なことにも簡単に疲れ、自分の人生がつまらなく見え、人間関係でつらいのは、すべて自己肯定感が低いせいなんだ」と四六時中ささやかれているかのようだ。自己肯定感さえ取り戻せば、すべての問題が解消されるかのように、自己肯定感を高めるというカウンセリングプログラム、ダイアリー、瞑想など数多くのコンテンツを試しつつ、自己肯定感を高めることに惜しみなくお金と時間を使う人は多い。

このようなコンテンツやプログラムで本当に自己肯定感を取り戻せるなら何よりだが、二、三回のプログラムやマインドコントロールだけで自己肯定感を高めるのはたやすくない。自己肯定感に執着するせいで、後になって自己肯定感をコントロールできないことすら「自分のせい」と思い、自責の念に駆られる人々もいる。

どんな状況でも揺るがない堂々たる自己肯定感が持てるなら、どれほどいいか。しかし、あるがままの姿でも大丈夫だと自分を慰めながら、「自分は大切で光り輝く存在だ」という、ごく当たり前の事実を確認し続けるだけで、本当に自己肯定感は高められるのだろうか？　私は違った。

仕事でしくじっても、自分には価値がある

私は幼い頃から、取り立てて自己肯定感が高いわけではなかった。だから自己肯定感を高めるために、自己肯定感に関する本を数限りなく読んだ。そこから教わった方法は「私は大切だ、私は特別だ」といった一種の呪文を永遠に唱えろというものだった。

私は本の勧めに従って呪文を唱えていたが、ある時点からこんな呪文だけでは自分が望む自己肯定感を得られはしないと悟った。私が望む自己肯定感とは、自ら行動を起こして達成する経験を伴ってこそ得られるものだった。

ある仕事で惨敗したが、他の分野では変わらず有能だということを自分で納得させるためには、「証拠」が必要だった。

私はその「証拠」を帰宅後時間に作り上げた。業務時間に受けたストレスに縛られるのではなく、ひたすら自分に集中しつつ、自ら作った帰宅後ルーティンに従って動

く。自分が得意なことを探してサイドプロジェクトを始めるうちに、「私は大切だ、私は特別だ」と呪文など唱えなくても自然とそう思えるようになった。

自分の役割や能力を職場内で決めつけず、職場を離れて自分ができることを発見することによって、職場がすべてではない人生を歩むことができたのだ。

実際、職場は私のすべてではない。だが、私はサイドプロジェクトで食べていけるようになるために、仕方なく黙々と働く人生ではなく、自己実現のための数ある手段の一つとして本業に関わるようになった。すると、かえって仕事が楽しくなり、よりうまくこなせるようになったのだ。怒られないように働くのではなく、自分の成長を楽しみに仕事に没頭するようになった。その結果、退職や週末だけを楽しみにする人生から抜け出せた。

帰宅後時間を通して、自分のもう一つの人生を発見してみよう。ささやかなことでも目標に設定し、自分で決めたことは必ずやり遂げられる人間だと直《じか》に確認しよう。

時々小さな仕事上のミスで傷ついたり、怒られたりしても、「会社での私の姿は、私のすべてではない」ということを知っている人は、どん底まで落ち込まないで済むはずだ。

自分が存在する理由は、会社にしかない、
なんてことはない。

贈り物

2

副業：会社員でも、夢を叶えられる

夢だけで食べていける？

獣医大学に通いながら劇団に入っていた頃、帰属意識に関する質問を、飽きるほどたくさん受けた。劇団では、私が大学を卒業すればどうせやめるだろうと思われ、大学では卒業後も演劇を続けるだろうに、なぜこんなに一生懸命大学に通うのかと訝《いぶか》しがられた。

私はどこであれ仲間はずれにされないように、合宿や運動会のような学校行事には必ず参加した。獣医大学の試験期間は日程がきつくて有名だったが、試験のために公演の練習をサボることはなかった。そうやっていくらがんばってもどこに行っても、鳥でも獣でもないどっちつかずのコウモリになった気分だった。

高校三年生まで、私の夢は舞台演出家だった。初めて小劇場で演劇を観た瞬間は今でも忘れられない。映画館で映画を観るとき、スクリーンに映し出される世界との一体感はなかったが、小劇場は違った。俳優がカッとなれば、それこそ客席の最後列に座っていた私が怒られたような気がした。中学三年生のとき、友人三人と一緒に演劇部を立ち上げ、青少年演劇祭に出場したことがあった。台本を私が書き、演出もし、自分の手で壁を塗ったり、額を貼りつけて創り上げた舞台に、私自身が立ったのだ。何一つとっても私が触れていない部分がない舞台に上り、架空の世界を舞台に具現する人間として、生涯生きていこうと胸に誓ったのだった。

高校三年生のとき、大学の演劇映画学科を志望したのもそのためだ。最終面接試験では、私が尊敬する演出家である教授がいた。芸能人に会えた気分がした。ところがその教授が面接の際、私にした質問は今でも忘れられない。

「演劇以外に好きなことや得意なことはありませんか？　演劇が好きなことと、演劇を生業《なりわい》とすることは異なります」

私には、その問いかけがあたかも私を不合格にする言葉のように聞こえた。結果は不合格で、数日間、教授を恨んだ。

しかし、浪人を決意し、再び進路に悩んだ際、教授の言葉が再三頭をよぎった。「演劇以外に好きなことや得意なことはありませんか？」という質問について考えてみると、私は動物好きで、誰かをかいがいしく世話することも好きだと気がついた。そうして演劇映画学科ではなく、獣医学科への進学を目標に定め、一年間勉強に励み、獣医大学に進学し、獣医になった。

現実と夢は両立できる

私が夢をあきらめ、次善策で現実と折り合いをつけて獣医という職業を選択したと人は思うかもしれない。私も最初はそう思っていた。その世界一筋でやっている、演劇映画学科を卒業した俳優に会うと、すっきりしない感情も抱いた。私が叶えられなかった夢を、彼らは叶えられそうに見えてうらやましく、いつもどこか引け目を感じていた。

ある日、映画の撮影現場でスタッフに「獣医さんなのに、演技もお上手ですね」と言われた。私は何の反論もできず「ありがとうございます」と消え入るような声で答えた。

ところが、帰宅後時間を自分のものにし、自分の夢をあきらめずに実現できるという自己肯定感を持つようになって、考え方が変わった。**私は夢をあきらめ、現実と折り合いをつけたのではなく、現実と夢のどちらもつかんだのだ。**

必ずしも夢見たことを「職業」にしなければ、夢を叶えられないというわけではない。相変わらず人々は、私が何者なのかを好き勝手に決めつけるだろうが、もう気にしない。

社会人劇団「演劇研究集団ラン」を率いるチェ・ジウク代表は、会社勤めをする社会人だ。彼が率いる劇団メンバーはみんな普通の勤め人だ。法学部を卒業し、職場に通う団員、法律事務所勤務の団員、公務員、塾講師等々、職業もいろいろだ。昼にはそれぞれの持ち場で最善を尽くして働き、夜7時になると練習室に集まり公演準備を行う。

団員たちに共通するのは、大部分がかつて俳優または演劇企画者という夢のために全力投球していた人たちだという点だ。チェ・ジウク代表は「現実と妥協して夢だった演劇を趣味にしたと言う人がいるかもしれないが、簡単に言うその現実との妥協は決して簡単にできるものではない」と話す。夢と現実のすべてをつかむためには、血の滲《にじ》むような努力が必要だからだ。

夢は本業でなくても叶えられる

二足のわらじを履いて人生を生きることは簡単ではない。私が大学に通いながら劇団生活をしていたときは、体力的にとても疲れて「どちらか一つだけにしたい」を口癖に生きていた。もちろん本心ではなかった。大学生活も劇団生活も、私には欠かせないくらい好きだったから、どちらかを断念することなどしたくなかった。

職場に通いながら、夢をあきらめたくない今も同様だ。心身共にきつくて、時々一日だけでも休みたいと思うが、いくつかのことを並行させながら生きるのは、本当に幸せなことで心が躍る。

明日の朝、目を開けるのが待ち遠しい人生を毎日繰り返せる幸運は、誰にでも与え

られているわけではないという自覚はある。

夢はいわゆる本業でだけ叶うものではない。私はどんな分野でもトップに立つことはできなかったが、ある分野に精通した専門家になることをあきらめる代わりに、自分を幸せにしてくれるあらゆることに意欲を燃やしている。たとえ、やりたいことだけを存分にするコウモリだと言われても構わない。そう、私は世界一幸せなコウモリだ。

平凡な会社員のように
見えても

ウェブ漫画家になるのが
夢だった。

現実と妥協して忘れかけていた夢が
あるなら、帰宅後に追い求めてみよう。

贈り物

3

自分自身：何事も自分軸で考えられる

誰かに指図され続ける人生で満足できる？

人生の主導権を外部に渡したまま、流されて生きる人は多い。私もまた、以前は両親や先生に言われるがまま、就職してからは上司に言われるがままに生きてきた。三十路《みそじ》を過ぎ、自ら選択すべきことが増えた友人は「誰かが指図してくれたらラクなのに」と口をそろえて言う。受動的に生きていると、能動的に何かを決定し、実行に移すことが大変なのだ。もう自分が何をすれば幸せなのかさえ忘れてしまったようだ。

帰宅後時間を自分主導で管理し始めるまでは、私もそうだった。先生の言うことをよく聞く学生で、言われた通りにしなければならない人生がもどかしいというよりは、むしろラクに感じられた。言われた通りにしたのだから問題が生じると、言った人のせいにでき、責任を負わずに済むからだ。多くの人がそうではないだろうか。

能動的に生きてみる機会をまるっきり与えられない教育課程に飼い慣らされ、何かの一部だけを任されている。社会人になってからも、上層部の指示を受けて働き、上層部の承認を受けられなければ、仕事は終わらない。

でも、仕事が終わった後は、自分の心の向かうままに計画できる。ささやかな趣味であっても、本人が始めるという意志を持たなければ始まらない。その時間を主導し、自分のために計画できるのだ。もしも本格的にサイドプロジェクトを始めたら、自分が望むことを自ら計画し、実践しているのだと、より実感できるだろう。

人に指図されて、あるいは人に従って行うことではなく、自分の趣味で、ひたすら続けたいことを自ら探し、実践する経験は、とてつもなく大切だ。

成功する必要も、最後までやり遂げる必要もない。自分が好きでやっているのではないと思うなら、やめてもいい。

こんな経験を積んでみると、自分が本当はどんなことに幸せを感じ、どんなことが好きなのかを知ることができる。**他人の視線や言葉に惑わされず、自分で選択し、自分で責任を持ってやり遂げるとき、私たちは真の大人になれる。**

自分の人生の責任は、自分で持つ

世の中は、干渉したがる人であふれている。かつての私は自分の話を周辺にあれこれ事細かに告白するのが好きなタイプだったが、いつからかだんだんと話さなくなった。話をすればするほど心配なのか忠告してくる、つまり私を揺さぶりにかける人が多かったためだ。

私は年俸が少しくらい少なかろうと定時上がりができる職場を選ぶほど、やりたいことが多い人間だ。時おり人々に「私は夜にあれこれ、こんなことをしているの。来年には短編映画も撮りたい」と言えば、応援してくれる人もいるが、忠告してくる人も多い。その人たちの忠告を逐一聞いてみたところ、いちばん印象深かった言葉は「いずれ結婚したとき、旦那さんが嫌がるだろうに」だった。全く余計なお世話だ。

私は自分の人生に、他の人が感じているよりはるかに大きな責任を感じている。だからそれだけ深く悩んだつもりだ。忠告されたことだって、たいてい検討済みだ。それに、**心配そうに忠告してくれる人の心配は、その瞬間で終わりだ。それ以降の私の人生に責任を取ってくれるわけではない。**

だからすでに私が悩み抜いた問題について、相手がとやかく言ってきても、私は反《はん》駁《ばく》したりせず、ただ微笑みながら「はい、へえ、そうなんですね」とだけ答える。そう言うだけで、別に気に留めたり進路変更をしたりはしない。私にはもう自分の選択に責任を負える自信があるからだ。

もちろん誰かの忠告を聞き入れず、好き勝手にやって、大変な思いをして後悔したことも多い。そうやって私はまた一つ学び、また一つ自分の決定に責任を負うのだ。これは試す価値があった、でもこれは試してみると大変だったといった経験を一つずつ積んでいく。

将来、他の人のせいで好きにやりたいことをできなかったと恨むより、自分が好きなようにやってみてから後悔するほうが、うじうじしなくて済む。

やりたいことを存分にしながら、私は自分の人生に真剣に向き合い、ベストを尽くしている。偏狭になるのは良くないが、これからも最低限のこだわりを持って生きていきたい。私は仕事と生活の中心に、まず自分をしっかり置いている。

今は指図されるがままに
仕事しているけど

帰宅後は、自分の
計画通りに生きます!

一日のうち、自分の思い通りになる
ことはどれだけある?

贈り物

4

複数の収入源：給料の2倍稼げる力がつく

サイドプロジェクトで生まれた収入源

多分に漏れず、私はお金が好きだ。いつだったか新春の四柱推命を見てもらおうと出かけた占いの館で、「あなたは金銭に目がない四柱ですが、あまりにもお金、お金、と執着せずに生きるといいですよ」とアドバイスをもらった。耳が痛かった。

私はどうしてお金が好きなのか。1秒も悩まずに即答できる。お金で時間を買えるからだ。お金さえあれば、稼ぐための仕事を減らせる。お金さえあれば、収益の有無に関係なく私のやりたいことが自由にできる。

初めからお金を稼ぐために帰宅後時間を活用しようと思ったわけではない。でも、どうせなら収益と結びつけようと思った。結果的に、私がしているすべてのサイドプロジェクトは、多かれ少なかれ収入となっている。その収入のおかげで、高い給料をもらえても一週間ずっと忙しく動き回る職場ではなく、給料は少し減っても時間的に自由度が高い職場を選ぶことができた。

私にとってお金を稼ぐ目的は、労働時間とそれにかかるエネルギーを減らすことだから、まぎれもなく計画通りに事が進んでいると言える。

収入源はさまざまだ。まず、わずかながら、毎月YouTubeチャンネルを通じて発生するグーグル広告の収益が入る。YouTubeチャンネルを通して収益を得ようとする場合、かなり長い時間がかかる。私はYouTubeを始めて半年ほど過ぎた頃、初めて収入精算書を手にしたが、三ヵ月で収入は10万ウォン（日本円で約1万円）ほどだった。

韓国ではチャンネル登録者数が1000名、一年間のチャンネル試聴時間が4000時間以上であれば、収入創出が可能なのだが、私のように半年後に収入が発生するのは早いほうだ。YouTubeチャンネルが成長することで影響力を持つようになると、たびたび商品協賛広告の案件も入ってくるようになった。

それと同時に、YouTubeチャンネルで名乗っている「時間管理アドバイザー」という肩書で時間管理に特化したプランナーを制作・販売することによって収入を得ている。時間管理法を教えるオンライン講座を開設し、収益を上げてもいる。時には演劇の舞台に立ったり、インディペンデント映画、広告動画などに出演して、出演料をもらう。オフライン講座の依頼が入れば、講演をして講演料をもらい、スタートアップマーケティングのためのコンテンツを作り、その報酬を得ることもある。

些細な額があちこちから入るので、大金を稼いでいるとは言えないが、無視できない程度の収入になった。

好きなことをすれば、収入はついてくる

資本主義社会にあって正攻法でお金を稼ぐ原則は、きわめて単純明快だ。誰かに必要なものを提供し、それに相当する対価を受け取ること。

当たり前だが、常に肝に銘じておかなければならない点は、自分が提供する労働力より低い対価を受け取らないこと、そして一方で、多くを得ようと欲をかいてはトラ

ブルの元だということだ。

自分の能力を育てれば、自分の助けが必要な人ももっと増え、人々はもっと多くの対価を喜んで支払おうとするはずだ。このように自分の能力と、自分の助けを必要な人を増やしていくには、必ず時間がかかる。私自身もゆっくりゆっくり成長中だ。

お金に執着しすぎるなという占い師の言葉は、欲を出そうとすれば、まやかしになるという戒めだったのかもしれない。

今やっていることをもっと伸ばしていけば、お金は入ってくる。好きなことを懸命にやれば、収入はついてくる。それが、数年間のサイドプロジェクトを通し、自ら実感したことだ。

何より重要なのは、地道に続けること。サイドプロジェクトで金持ちになるのはたやすいことではないが、今のように、ゆっくりと成長していけば、何年か後には収入がもっと増えるだろうという自己肯定感が生まれた。以前は考えもできなかった機会がひっきりなしに訪れているのは、私にその機会をつかむだけの力が充分にあるからだ。

「収益」が目的でなくてもいい

いくら好きなことでも、収益が目的になれば、宿題を課せられる気分になり、疲れ果ててしまう。毎日チャンネル登録者数と収益を気にしていたら、疲れて当たり前だ。**お金を稼ぐための仕事ではなく、好きでやっているのに、さらにお小遣いまでもらえてラッキーだという考えで取り組めば、ストレスを受けることなくずっと続けられる。**会社勤めと並行させるから、収入に大きく影響しなくてもいい。

給料以外の収入が、給料より多くなったのは、サイドプロジェクトを始めて三年が経った頃だった。三年間ひたすらサイドプロジェクトを続けられたのは、収入へのストレスがあまりなかったためだ。

月5万ウォン（約5000円）、10万ウォン（約1万円）ずつ収益が上がり、三、四ヵ月分の収益を合わせて撮影用ライト一つがやっと手に入れられる頃でさえ、私は充分に楽しかった。

必ずしもサイドプロジェクトで収益を上げなければならないわけではない。帰宅後の自由時間を意味あるものにして過ごせるなら、収益が入らなくても、人知れず静かに続けているだけで、充分、価値ある時間になる。

帰宅後に絵や編み物などクリエイティブなことをしてもいいし、運動をしながら職場でたまったストレスを発散するのもいい。ただ、どんなことであっても習慣化し、毎日少しずつ、コツコツ実践することが重要だ。

ささやかな趣味生活であれ、健康のための運動であれ、結構な収益を生んでくれる投資であれ、自分だけの二度目の一日を始動させたければ、具体的な目標設定と時間管理が必要だ。次章でまず「目標」からしっかり立ててみよう。

月に一度の給料の他に、
ずっとちょこちょこ収入があるのはどう?

TIPS

自分に合った副業の見つけ方

帰宅後の自由時間に何ができるだろうか？　運動、趣味、自己啓発など、何でも構わないが、月給と収益に関心が高い人ならば、副業――サイドプロジェクトを始めてみるのも悪くない。

「プロジェクト」というと、何か大げさに準備しないといけない気がするが、実際はそんなことはない。自分がひたすら楽しんでいる趣味や関心分野、人々に共有したい才能から出発すればいい。いくら些細なことでもいい。自分がすでにしている活動から、一歩ずつでいいから踏み出してみれば、すぐにサイドプロジェクトとして発展させられる。

自分にぴったり合うサイドプロジェクトには、どんなものがあるのか気になるのであれば、左記の項目をまず検討してみよう。

● エクセル・フォトショップなどを巧みに扱うスキルがある　↓　Aタイプ
● 何でも書いて整理するのが好きなほうだ　↓　Bタイプ
● 絵が得意で、細々としたものが好きだ　↓　Cタイプ
● 写真を撮りに出かけることが好きだ　↓　Dタイプ
● 一つのことにハマるオタク気質だ　↓　Eタイプ

Aタイプ　オンライン講座を通して、才能を売る

最近は、学校に通わず自宅でオンライン講座を受講し何かを学ぶことは珍しくない。趣味から仕事関連の専門知識までオンライン講座で学べないものはないと言っても過言ではない。膨大な知識ではなくても、エクセルやフォトショップなどの仕事でよく使われるソフトを使いこなすスキルがあるなら、オンライン講座を通してその才能を売ることが可能だ。

私は時間管理法についてのオンライン講座を販売している。講座を準備し撮影する苦労もあるが、撮影しておけば、毎回講義をしなければならないオフライン講座とは異なり、収益が発生し続ける。私の場合、一ヵ月100万ウォン（約10万円）程度の自動的な収益が発生しており、もっと多くの収益を上げている人気講師も数多くいる。

Bタイプ　収益型ブログの運営

ブログはすでにかなり長い間、副収入に関心が高い人々に活用されている。ブログで収益を上げる方法にはいろいろあるが、代表的なものは、商品協賛広告を通じた収益発生とトラフィックを通じたCPC（クリック単価）広告収益だ。

商品協賛広告は、文字通り、企業から商品やサービスを提供されたり、商品を紹介する対価として原稿料をもらう方式だ。CPC広告で最も有名なものは、グーグルのアドセンスだ。インターネット記事やブログを読むと、掲示テキストの途中にバナー広告が表示されているのをよく目にするだろう。ブログの訪問者がバナー広告をクリックするたびにブロガーにお金が入る。良質の記事をコツコツと投稿すれば、当然誘い込まれる訪問者が増え、こうしてトラフィックが増加すれば、自然に広告収入も増加する。商品協賛記事やCPC広告収入で大金を稼ぐ人が思いのほか多い。収益型ブログ運営について情報を提供するYouTube動画やオンライン講座も多くあるので参考にされたい。

Cタイプ　イラスト文具やスタンプの制作および販売

「ダック」（ダイアリーデコの略語：手帳をシールやマスキングテープなどで飾ること）が再流

行し、ステッカーやマスキングテープといった文具類の人気が再び高まっている。自分だけのキャラクターがあれば、文具類だけでなく、ポーチやスマホケースなど、かわいいデザインの雑貨を無限に作ることができる。イメージだけ提供すれば、オリジナル商品を制作してくれる業者も多いので、決心さえすれば誰でも自分のデザイン雑貨を作ることができるのだ。

在庫管理や配送手続きなどが面倒？ それならば、独自のキャラクターでLINEなどのスタンプを作ってみよう。LINEは二〇二二年時点で全世界の利用者数が1億9300万人（日本国内では約9200万人）に達するメッセンジャーアプリだ。市場が大きければ大きいほど、大きな収益が出せる。億を超える莫大な金額を稼ぎ、LINEスタンプ長者と呼ばれる人もいる。独自のキャラクターと才気あふれるキャッチコピーでスタンプによる副収入に挑戦してみよう。

Dタイプ　ストックフォトの販売

写真を撮るのが好きなら、自分が撮りためた写真——ストックフォトを販売してみてはどうだろうか？ 各種デザイン、雑誌や記事など、さまざまなコンテンツ制作のためには多様なイメージ写真が必要だ。しかし必要なすべてのイメージ写真を直接撮影したり、制作したりすることができない現状では、著作権のないイメージ写真を使用するか、著作権料を払って購入し、使用しなければならない。このために作られたプラットフォームがストックイメージサイトだ。誰もがすぐに、これまで撮影した素敵な写真をアップし、販売することができる。代表格には世界的に有名な「シャッターストック」がある（www.shutterstock.com）。

必ずしもデジタル一眼レフカメラで撮影したものでなくても構わない。スマホの画質でも充分だ。ハードディスクにたまっている数千枚の写真を一度調べてみて、良さそうな写真があれば一度アップロードしてみよう。誰かがその写真を求めているかもしれない。すぐに莫大な収益を得られるわけではないが、日常で目にする風景を前より愛情を持って眺められるようになり、「写真撮影」の趣味を続ける原動力になり得る。

Eタイプ　オタクをターゲットとしたYouTubeチャンネル開設

何かの分野の「オタク」ならば、同じ分野のオタクをターゲットとするコンテンツをぜひとも作ってみよう。

サイドプロジェクトとは、やったことのないことを新たに始めるよりも、すでに自分が楽しんでいたことを人々とシェアしながら収益を生み出す方法が効率的だ。

すでにやっていたことをコンテンツにするのだから、それほど大きなストレスはかからず、自分が好きなことを他の人々とシェアしながら一種のオタクコミュニティを作ることができて楽しい。楽しんでこそ続けやすい。

例えば、自分の趣味の範疇《はんちゅう》で好きなものを撮ってアップロードする趣味系YouTuberにチャレンジしてみよう。撮影はスマホカメラで充分。簡単で直感的に扱える無料の動画編集ソフトもあり、充分にハイクオリティな編集が可能だ。

LESSON

3

充実した一日を過ごすための目標設定ロードマップ

夢や目標はいつだって遠い。
私たちは遠くにある夢や目標を
ぼんやり眺めるのではなく
一歩ずつ、前に進んでいかなければならない。
そうすれば、ある瞬間、
夢は現実になっているはずだ。

ただ待っていてはダメだ。
完璧な好機など永遠に来ないのだから。
――ナポレオン・ヒル（アメリカの自己啓発家）

段階

1

人生の意味を見出す

自分は何のために生きているのか

ある瞬間、ふと私はなぜ生きているのか、どう生きれば良い人生と言えるのか考え込んでしまう。

しょっちゅうカウンセリングを受けていた頃、「最近は、自分が何のために生きているのか、どうやって生きれば良い人生なのかを考えています。まだ答えは出ていませんが、とりあえずちょっとボランティア活動でもしてみようかと思っているんです」と話した。

すると、カウンセラーは「意味づけをしているところなんですね」と言った。それ以降、私はこの種の悩みに「意味づけ」という名前をつけるようになった。

哲学は大きく存在論、認識論、価値論に分けられるという。存在論は「存在とは何なのか？」を考えること。認識論は「どのように正しく知るのか？」を、価値論は「何が価値あることなのか？」を考えることだ。

このうち、私が話をしている「意味づけ」は、価値論に近い。価値あることが何なのかを探し、価値あることをしようと努力することだ。

誰かにとっては常に学んで成長することに価値を見出すかもしれず、子どもを持つ親にとっては子どもの幸福が人生最大の価値かもしれない。

私にとって最大の価値が見出せるのは、私の助けが必要な人々と動物を助けること。したがって私の人生の意味も、やはり「私の助けが必要な人々や動物を助けること」にした。

その目標には「意味」がある？

なぜ突然「意味」の話など持ち出したかというと、それは持続可能な目標を設定するためだ。

生きる意味を見つけると、すべての行動を意味によって振り分けることができる。

選択の岐路に立たされているとき、自分に合った選択が可能になるだけでなく、今携わっていることに嫌気が差してつらくても、継続できるだけのエネルギーが生まれる。

私は実際、コツコツ努力タイプとは縁遠い。とにかく気まぐれで、やりたくないことを無理に貫けない。そんな私がYouTubeの動画を三年以上毎週アップできたのは「おもしろさ」や「根気」だけでは説明がつかない。

実のところ、YouTubeチャンネルを運営するにあたっては、どちらかといえばつらいことのほうが多い。たった20分の映像を作るために3、4時間かけて編集する場合も少なくない。話すことすべてを字幕にすると、くたくたになる。退屈な単純労働だ。

しかし、私がこのうんざりする気持ちを克服できるのは、そこに意味とやりがいが見出せるからだ。編集作業がつまらなく、ぐったりするときは、私の作った動画を観て今日もがんばったと言ってくれる人たちに思いを馳せながら、動画作成の意味を思い出す。

目標には数値がある。いつまでにどれくらい達成する、という明確なデッドラインと目標値を定める。例えば「年末までに5キロ減量する」「十月までに本一冊分の文章を書く」といった目標だ。

でも意味は数値化できないから、たいてい、特に気にも留めない。だから意味づけをせずにやみくもに目標を達成しても、虚無感を味わうことになる。何の意味もなく1億ウォン（約1000万円）を貯めるのを目標にしていた人は、1億ウォンを貯め終わる直前まで目標を達成できないから、苦しみながらもがつがつして生きていく。目標を達成したときは、まさにその瞬間だけは、少し喜びに浸れるのだが、またすぐ虚無感に陥る。こんなことをしていったい、何の意味があるのかと思ってしまうからだ。

行動に意味を持たせれば、一生続くモチベーションとなる。行動する過程で起きるおだやかな波くらいは、ひょいと乗り越えられるように手助けしてくれる。

診療中にいわゆる「モンスター飼い主」に接すると、本当に診療が嫌になるのだが、私には病気の動物を治す方向に持っていく義務がある。疑いの目を向ける飼い主の前で、この忙しいのにぐずぐずするなと目配せする上司の前で、自分が正しいと思う通りに推し進める力は、まさに次の一文から生まれる。

「この選択がこの動物を助けるために最良の選択なのか？」

時間が流れ、年を重ねるにつれ価値観が変わるなら、人生の意味もまたいつでも変わり得る。

でも、やがて変わる価値観だからといって、意味がないわけではない。私の人生の中心を定め、私をしっかり支えながら、たゆまず持続する力になってくれるという点は変わらないからだ。

自分の人生の意味を改めて思い描いてみたなら、今度は本格的に充実した「帰宅後時間」を活用できるように、目標と計画を立ててみよう。

人生の目標と意味を考えてみよう。
自分の人生の価値は見出せる？

段階

2

期待を現実に変える目標作り

目標設定の4ステップ

帰宅後の趣味活動、運動、転職準備、資格の勉強、サイドプロジェクトなど、何でもいい。だが、何でもコツコツやり遂げることに決めたなら、目標を定め、計画を立てなければならない。ただ「さあ夕方から○○しなくちゃ」といった単純な考えでは、たゆまず続けられない。だから私は、計画を大きく四つに分けている。

「大きな目標」「意味づけ」「プロジェクト」「アクションプラン」だ。このうち「大きな目標」と「意味づけ」は長期目標で、「プロジェクト」と「アクションプラン」は短期計画だ。

目標設定の4ステップの例

長期目標	❶ 大きな目標	必ず成し遂げたい目標 例：自己啓発・教育分野のトップクリエイターになること
	❷ 意味づけ	「私はなぜ生きているのか」に対する答え、人生の意味 例：私の助けが必要な人々を助けながら生きていきたい
短期計画	❸ プロジェクト	達成すべき仕事 例：本の出版
	❹ アクションプラン	一つのプロジェクト完遂のために取るべき小さなアクション 例：資料調査、原稿執筆、参考図書の読破など

長期目標のうち、大きな目標は人生で必ず達成したいものを指す。例えば、「国内教育分野でトップクリエイターになる」といったものだ。そして意味づけは、この目標をなぜ果たさなければならないのか「意味」を考える過程になる。先述したように「意味」があれば確実な動機づけになるからだ。

プロジェクトは大きな目標を達成するために踏むべきステップのことだ。例えば、「時間管理法を教える本を出版する」といったものだ。

そしてアクションプランはプロジェクトを完遂するために、すぐにしなければならない小さな行動のステップだ。長期目標は手が届かないほど離れているから、それを成し遂げるために今すぐすべきことが何なのか、ピンと来ない。そのため、短期的なアクションプランが必要なのだ。目標達成率を上げたければ、長期目標と短期アクションプランを同時に立ててみよう。

大谷翔平も使ったマンダラチャートの活用

大きな目標と短期計画を立てる際は、マンダラチャートの活用も役に立つ。漠然としていた目標が次第に具体的に、細かくなっているのが一目で把握できるからだ。マンダラチャートは、現在メジャーリーグで活躍する日本のプロ野球選手大谷翔平が活用したことで有名だ。「8球団ドラフト一位」という最終目標を達成するために、まず実践すべき八つの下位テーマを設定し、それに従って実践すべきアクションプランを立てたのだ。

同じように私たちも具体的な最終目標を大きな目標にしてもいいし、目標をキャリア、健康、人間関係、メンタルヘルスなどに大別してもいい。私が作成したマンダラチャートを104〜105ページで例示しよう。

その例を見てもらえればわかるように、すぐにでも見よう見まねでできるほどだ。有名なマインドマップ®にも似ている。

中央に大きな目標を記入し、大きな目標を達成するための八つの下位目標を、マインドマップ®を作成するように広げていくといい。マンダラチャートは特に新年の目標を立てるのに有用だ。中央に新年の目標を書き、それから今年叶えたい八つの目標を記入し、これらの目標を達成するためにすべき小さなステップを小さなマス目にさらに書き入れていく。

わかり やすく話す	週3回 専門分野の 勉強	疑問の 習慣化	動画診断 所見書作成 の実習
感謝	ひたすら 技術練習	専門分野の 勉強	週1回 ケース レポート
恋人 探し	ウェブ セミナー 定期聴講	月2回 専門分野の グループ 研究	月1回 院内発表
専門分野 の勉強	アクション プランナー 作成	仕事中は スマホを しまう	午前中に 砂時計 使用
時間管理	デイリー プランナー を毎日記入	時間管理	オーバー ワーク 防止調整
芸術	充分な 休憩時間	ポモドーロ 方式で 働く	規則正しい 睡眠時間を 遵守
投資 サークル	週1回 演技研究	多くの クラシック 映画鑑賞	質問を 恐れない
必要な時は 惜しみなく 分け与える	1年に1本 シナリオ 執筆	芸術	旅行を 何回もする
税金の 勉強	心理学の 勉強	毎年 プロフィール 更新	撮影の 学習

マンダラチャートの書き込み例（新年の目標設定）

週5回運動	朝のストレッチ	ヘルシーに菜食	人の話をよく聞く	挨拶を忘れない
1年に5回カウンセリングを受ける	健康	充分な休息	相手の長所探し	人間関係
年1回健康診断	1日7時間睡眠	1日1.5L水分摂取	慈悲の瞑想	コンプレックス分析
週1回動画をアップロード	最新トレンドの勉強	デザインの勉強	健康	人間関係
毎日企画書を執筆	動画コンテンツ	月1回ライブ配信	動画コンテンツ	ステップアップの1年
オフラインで登録者の集いを企画	ルーティン管理サービス企画	登録者との積極的なコミュニケーション	自己啓発	経済
1年間に読書50冊	本の執筆	人文学の勉強	マーケティングの勉強	経済書を読む
瞑想	自己啓発	感謝の日記を書く	自分が手にしているものに感謝	経済
発音・発声の矯正	使い捨て用品の削減	手話の勉強	家計簿をつける	収益70%貯蓄

私はこのように人生の全般における八つの方向性（健康、人間関係、専門分野の勉強、動画コンテンツ、時間管理、自己啓発、経済、芸術）を定め、さらにその目標を達成するための小さな行動目標をそれぞれ八つずつ決めてみた。

全体的な目標と行動の青写真を描くにあたって非常に優れたツールだが、少々残念な点があるとすれば、時間の計画を一緒に立てることができないという点だ。例えば、私のマンダラチャートで「一日7時間睡眠」のような目標は、具体的な行動計画を必要としない。

しかし「ルーティン管理サービス企画」のようなプロジェクトを達成させるためには、もっと詳細な実践項目と、それに伴う時間計画が必要になる。この部分はまさしく「アクションプランナー」で補うことができる。次項では、アクションプランナーを書いてみよう。

シンガーソングライターになって
コンサートをすることが夢。

今年は絶対に作曲するんだ、
そのためには……。

ものすごく大きい目標も、
小さな行動の積み重ねから成る。

段階

3 アクションプランナーを書く

目標実現のためのアクションプラン

人々は新年になると新たな気持ちで目標を立てる。ところが、年末になってその年明けに立てた目標を振り返ると、叶えられたものはそう多くない。その理由はどこにあるのだろう？　ただ怠けていたから？　いや、正解は、目標だけを立てて行動計画を立てなかったところにある。

小さな行動が積み重なって、私たちが望む結果を生み出す。夢は遠くかけ離れているから、一段ずつゆっくり梯子《はしご》を上っていかなければならない。だからこそ「アクションプラン」を立てることをお勧めする。

今すぐ、どのような小さな行動をすれば目標に近づけるのか、それを悩み続けた末、私はアクションプランのためのプランナーまで作るようになった。

アメリカの著名なビジネスコンサルタント、ブライアン・トレーシーの著書『100万ドルの法則』[4]からそのアイデアを得た。その本では目標設定方法を次のようにステップ形式で示している。

ステップ1　目標設定
ステップ2　締め切りの設定
ステップ3　目標リストの作成
ステップ4　行動計画の作成
ステップ5　妨げになる要因の除去
ステップ6　即、実践
ステップ7　たゆまず前進

ステップ1「目標設定」とステップ2「締め切りの設定」は目標設定時に多くの人が考えるだろう。

しかし、ステップ3「目標リストの作成」とステップ4「行動計画の作成」まで実践する人は多くない。このステップ3と4を一目でわかるようにプランナーにしてみたのが、今、私が使っているアクションプランナーだ。仕事に使用するときは、プロジェクトプランナーと呼んだりもする。呼び方は重要ではない。

111ページの例を見れば一目でわかるように、単純で、たいしたものではない。難しいのは実践だ。もし、やるべきことがもっと思い浮かぶなら、その都度追加すればいい。

大切なのは、アクションプランナーを書いた後に、頻繁に目標についてあれこれ考えるのではなく、ただちにすべきこと、すなわちアクションプランにのみ集中することだ。

目標を眺めると果てしなく思える。目標が遠いと感じると、挫折感だけを繰り返し味わってしまう。

しかし、今すぐすべきアクションプランにだけ集中して、一つ一つ問題を解決していけば、ある日突然、目標が近づいていると思えるようになる。

アクションプランナーの書き込み例

ACTION PLANNER　　開始日：20××年1月1日

Goal

ブックカフェ創業

・By when?　20××年5月まで

・How?

市場調査とマーケティングに
心血を注ぐ！

優先順位	アクションプラン	開始日	終了日
1	専門学校申し込み/バリスタ養成コース履修		
2	不動産の立地調査		
3	全国ブックカフェ20店舗市場調査		
4	店舗およびインテリア研究		
5	マーケティング関連書籍を読む		
6	資金調達		
7	店舗物件賃貸契約		
8	オンラインマーケティング用SNS開設		
9	インテリアおよび店舗什器搬入		
10	事業者登録および営業申告		

Goal 達成！

多くの人が将来について取り越し苦労している。でも心配するだけでは何も変わらず、まだ起きていないことを自分がコントロールできる能力はない。未来の目標を実現するために少しでも可能性の高い方法を、今すぐ、この場で実践することが重要だ。

今すぐ行動に移す実践を細かく計画することが、まさしくアクションプランだ。

デッドラインを決めて、
今すぐ実行可能な行動を計画しよう。

段階

4

変化を恐れず、一歩を踏み出す

慎重という名の落とし穴

すべての動物は変化を怖がる。新たな挑戦は手探り状態だから、安全か危険かわからない。そのため何かを新しく始める場合、本能的に尻込みする。

しかし、私たちは動物ではなく人間だから、危険は予測可能だ。危険性が高いと思えばあきらめることも、危険を冒してでも利益が大きいと判断して実行に移すことも可能だ。

なぜ人々は実行に移すとき、足踏みするのだろうか？　それにはいくつか理由がある。第一に、悩むという言い訳をすることで、始めるまでに自分に猶予を与えるのだ。

恐れるあまり自信が持てず、自分は慎重なんだと言い訳して、始めることを先延ばししているふしはないか考えてみよう。

第二に、失敗に対する恐れだ。数十年生きてきて、あれこれ試してみたところ失敗した経験も、コツコツ続けられずに途中であきらめてしまった経験もあるだろう。「またトライして、今度も失敗したらどうする？」という心配が、始まりを思いとどまらせる常連だ。トライしたばかりに挫折してがっかりするより、逆に何もせず挫折も失望もしないほうを選ぶのだ。

人生が進んでいく過程自体が「挑戦――成功」と「挑戦――失敗」の繰り返しだ。ごく当たり前のことで、自然な流れだ。挑戦して成功することも、失敗することも特別なことではない。いざ行動に移せば、結果は成功か失敗、持続か断念の二つの道しかないのだから。

本書では、ひたすら実践方法に力を入れて説明しているが、いったん始めてみるときは、こんな考え自体を払拭するべきだ。仮に始めてしまえば、成功か失敗のいずれかの結果が出るのだが、始めることすらしなければ、結果は１００％失敗だ。

結果の良し悪しは、後から考えればいい問題だ。それなのに、私たちは時に必要以上に後に回すべき問題を現在に先取りし、後々打たれるかもしれないムチを、先に一

回多く受けている。

悩みは短く、実行は早く

学生たちが一列に整列し、ものすごく痛い注射を順番に打たれているシーンを想像してみてほしい。あなたは列の最後尾に立っている学生。あなたの目の前にいる友達はみんな注射を打たれて悲鳴を上げる。だんだん順番が近づいてくる。恐怖心は徐々に大きくなる。このとき、勝者は最初に注射を打ってもらった学生だ。

つまり、心配する時間が長いほど、心配は大きくなる。反対に、行動すればするほど、心配は消えていく。**だから心配性の人は、とにかく始めてみることだ。**

どうせしなければいけないことなのに、いつまでも「どうしよう、どうしよう」と悩む時間が長くなるほど、緊張感がさらに増し、うまくやらなければという焦る気持ちが自分を縛り、計画を口に出すことさえ怖くなる。心配は時間をかけるほど大きくなり、徐々に行動を始めづらくなる。

悩みの重さが少しでも軽いうちに後先考えず飛び込んでみることが、うまく滑り出せる秘訣なのだ。

それでも漠然とした心配のせいで、あるいは準備不足ではないかと思いためらうようなら、次の三つのステップを試してみよう。

一つめ、「もし、しようとすることが失敗したら、私、あるいは他人が莫大な損害を被《こうむ》るか？」と自問してみよう。質問に対する答えが「NO」なら始める。

二つめ、それでも悩んでしまうなら、**悩みの期限をあらかじめ決めて悩む。**数日、時間の猶予を自分に与えるのだ。期限は三日前後が良い。

三つめ、**悩んでいる理由をすべて紙の上に書き出してみる。**人々の頭の中にある悩みはたいてい非論理的だ。普段、悩みが多いタイプの人なら、何事に関しても悲劇を作り上げるのが習慣になっているだろう。

これを防ぐ方法は、まさに紙に書くことだ。勝手に想像するのではなく、考えを整理して文章にすると理性が働くからだ。決まった形式に従う必要はないが、119ページの例を参考にしてほしい。

このように書き出してみると、どれほど多くの心配が事実に基づいたものではなく、自分の思考パターンや先入観、被害者意識などが混在した、感情のムダな消耗だったかがわかる。「悩む理由」を書いているときから、すでにあきれて恥ずかしくなることもあるだろう。

文字に起こしてみると、明らかにたいしたことではない、クスッとさえしてしまう悩みにすぎないのだが、頭の中で心配ばかりしていると、知らず知らずのうちに、雪だるま式に大きくなる。

心配なときは、できるだけ考えを中断させて、書き出してみよう。この方法は、実行に移すにあたっての心配だけでなく、あらゆる種類の心配や不安など、日々のどんな悩みにも役立つのでお勧めだ。

さらに、私は出勤したくないときにもこうした練習をする。「なぜ出勤したくないのか？」と自問して、その理由をずらずらと書き出してみる。理由を読めば、かなり非論理的だと気がつき、数多くの反論が自分に浴びせられる。自分で自分自身を説得することになるのだ。

「どうしてあの人が憎いのか？」「私はなぜパソコンが故障すると怒ってしまうのか？」など、普段あまりにも当たり前すぎると思っていたことに対しても、このやり

悩みについて書き出してみる

現在の悩み	・スポーツジムに入会してもいい？
悩む理由	・一、二度行って、やめてしまうと、入会金がムダになる。 ・適当なスポーツウェアがない。 ・ジム初心者だから、周囲の視線が気になる。
反論	・始める前はやめるかどうかわからない。もし一、二度行ってやめるとしても、損失はひと月分のジム会費で済む。少し惜しいが、取り返しのつかないダメージを被るわけではない。 ・スポーツウェアは新しいものを調達してもいいし、スポーツウェアを貸してくれるジムに入会してもいい。 ・実際に始めてみるまで、周囲の視線はわからない。意外と他人に無関心だったりする。

とりをしてみると、おもしろい結果が得られるはずだ。そして、自分がどれだけ似たパターンであらゆることに対応してきたかもわかる。

自分が何かを始めるたびに繰り返す悩みのメカニズムを解明できた瞬間から、悩みが少し小さくなるだろう。「あ、私ったら、また同じことを繰り返してる」と言いながら。

頭の中で悩むのはやめて、実際に
紙に書き出して悩みを解消しよう。

TIPS

自分のために目標設定する方法

目標設定時の注意点

目標とは、文字通り目標だ。どんな目標が良くて、どんな目標は悪いといった基準を定めることはできない。ただし、目標を立てるときにおかしがちなミスや、目標達成のために努力する際の注意点は何かについては話しておきたい。

まず目標を決めるときは、本当に自分が望むことなのか、それとも目標のために作った目標なのかをよく検討する必要がある。

私たちは常に他人の視線を意識し、他人が決めた基準に合わせて生きてきた歳月が長いため、本当に自分が望むものが何なのか正確にわからない場合が多い。しかも自分の望みでもないのに、本当に自分が望むものだと信じ込まされている場合も少なくない。それでは、どうすれば自分のためだけに目標を設定することができるだろうか？　次の三つの問いを自分に投げかけてみよう。

1 自分の計画に「他人」が含まれていないか？

まず、自分の計画に「他人」が含まれているかどうか確認する必要がある。この目標を成し遂げたら母親が喜ぶから、周囲から立派な人に見られるから、などの理由が入っていないか考えてほしい。もちろん周りの人が幸せになれば、結果的に自分の幸せにもなり得る。でも、これが主な理由であってはならない。

自分が本当に望むことから遠のかせる大きな要因は周囲の視線だ。自分と他人を同時に満足させる目標が最も望ましくても、**常に自分の幸せが他人の幸せより優先されなければならない。**

2 復讐が目的になっていないか？

誰かの鼻を明かすため、自分をバカにした人への復讐のために、目標を定める場合もある。このような目的は深い潜在意識の中で作られるため、簡単には気づきにくい。

③幼い頃に受けた心の傷から生じた欲求ではないか？

やたらと執着する目標があるなら、幼いときの剥奪感や心の傷がないかも確認しなければならない。無理なダイエット、過度な金銭欲、高級車所有欲などがよくある例だ。頭の中では「好きなブランド品でクローゼットをいっぱいにできれば幸せなはず」と思い込んでいるが、心の底では他の何かを求めているかもしれない。

最大の問題は、このように決めた目標を死ぬほど努力して成し遂げても、間違いなく幸せにはなれないという点だ。

そのときになって虚しさを感じながら後悔するには、努力と時間が惜しすぎるのではないだろうか？

自分の気持ちを完璧に理解するのは至難の業《わざ》だ。ニセの目標を立てる危険を防ぐコツが二つある。

第一に、目標を早く立てなければならないという強迫観念は持たないこと。時間を充分かけてゆっくり考えてみよう。

第二に、目標はいくらでも、いつでも、自由に修正できるものだから、可能性も、心も常にオープンにしておくということ。まずは行動しなければわからないことばかりだ。目標通りに実践しても気が進まなかったり、続けたくなかったり、楽しくなかったら中断して目標を変えてもいい。ただ重要なのは頭の中であれこれ考えてばかりではなく、日々ベストを尽くし、真面目に取り組んでみることだ。そうすれば、思いがけず良い機会に巡り合えたり、新たな目標ができたりする。そのたびに、心にしっくりくるものを選び直せばいい。

目標は実現しないと意味がない？

うまく立てた目標は牽引《けんいん》力となる。自分が目標に向かって努力すれば、目標も自分を導いてくれる。

だが、ここでも大切なのはバランスだ。**猪突猛進型の目標志向主義に陥らないよう気をつけなければならない。**これを成し遂げられなければ意味がなく、必ず目標を達成しなければ価値のある人になれない、と考えるのは禁物だ。目標は執着するほど毒になる。その理由は次の通りだ。

❶人生は予測不可能だから

いくら努力しても実現できそうもないから、そんなに力を入れるな、という意味ではない。一つの可能性だけを開いておいて、残りのすべてを閉じておくという失敗は避けようということだ。

チャンスであれ危機であれ、いつも思いがけない瞬間に思いがけない形でやって来る。目標を決めておき、目標に向かって一生懸命努力しても、自分が思い描いていた目標だけがすべてだと思ってはいけない。目隠しされた競走馬のように、前だけを見て走っていたら、人生を楽しむ余裕がなくなってしまうかもしれない。

❷こだわりが可能性を高めるのではないから

精一杯がんばって目標にこだわったところで、必ずしも目標達成の可能性が高くなるわけではない。ただ、今日できることだけにベストを尽くせばいい。

❸「理想の自分」と「今の自分」を比較するようになるから

目標を達成することよりよっぽど重要なことは、今すぐ幸せになることだ。目標を達成した自分の姿を想像することが楽しく幸せなら、いくらでも毎日、毎秒、目標を考えていても構わない。

しかし、自分が夢見る「理想の私」と「今の私」を比較して挫折するくらいなら、目標を決めないほうが良策かもしれない。目標は一日一日ふらつかないように方向を定めるための存在で、「今の私」をつまらないと思わせるために存在するのではないのだから。

人生は筋書き通りにはいかない。私はこの意外性がこの上なく好きだ。思いがけない変数が危機になることもあるが、**予想外の大きなチャンスが、いつだって意外な瞬間に、まるでプレゼントのようにもらえることもある。そして、そのチャンスは準備が整っているときにだけつかめる。**

雨を降らせることはできなくても、普段から大きな器を作っておいた人は、雨水をたくさん受けられるのだ。今の努力が大きな器を作ることだと思えば、努力ばかりの毎日でも、結果にこだわらず心おだやかでいられる。

LESSON

4

一日を2倍に増やす時間管理法

子どもの頃は、時間割が窮屈だった。
時には足かせのように感じられた。
でも、これからは自分のために時間割を作る。
何をするか悩む時間は減り、
計画通りに細かい予定をこなしていく。
自分の思い通りに繰り返される日常は
もう窮屈ではなく、むしろ心地よい。

人間にとって最も困難なことは
自分を知り、自分を変化させることだ。
――アルフレッド・アドラー
（オーストリアの精神科医・心理学者）

方法

1

いつも時間がない理由を探る

散らばった時間のかけらを求めて

私はコンピューターをはじめ、電子機器が本当に苦手なタイプだ。以前知り合いの監督から動画編集を教わったとき、フォルダーとファイル整理の重要性を、耳にたこができるほど聞かされたが、いまだにしっかりファイル整理ができず、削除しないといけないファイルまでそのまま放置してあったりする。

外づけハードディスクに保存するのも面倒なときがあり、何でもかんでも保存してしまうため、すぐドライブ容量不足という通知メッセージが表示される。そこでやっと本格的にファイル整理に取りかかる。整理していると、意外と必要のない自動保存ファイルが多い。きちんと整理すればかなり多くの容量を確保でき、しばらくコンピューターの容量を気にせず使うことができる。

私たちはいつも忙しくて時間がないと言う。一日は24時間という容量に限られていて、そのうち7〜8時間は睡眠時間で、それ以外の8〜10時間は出勤し、働く時間に固定されている。

コンピューターでいえば、基本構成が占める容量のようなものだ。コンピューターはお金をかけるとハードディスクの容量をアップグレードできるが、時間はそれができない。強いて例えるなら、アップグレードが不可能なハードディスクを使っているのと同じだ。

だからといって、基本的な睡眠時間を減らしてまで時間容量を確保するのはお勧めしない。自分を消耗しながらする仕事は長続きしないからだ。

時間がなくて忙しいという人々の日常をよく見てみると、ムダに捨てている時間が多い。コンピューターのファイルを整理するように、常に日常や時間をうまく管理する必要がある。もちろん容易ではない。私もやはり整理が苦手で、フォルダー整理だけでなく物の片づけも、時間管理も、本当にできなかった。でも、このままではいけないと思い立ち、デイリープランナーを使って時間を管理したところ、今では他人にシェアしたいと思えるノウハウがきちんと蓄積された。

どうしていつも時間がないのか

時間を管理し始めたきっかけは、いたってシンプルだ。やりたいことはたくさんあるが、職場の生活もきちんと確保し、自分のやりたいことも成功させたい。しかし、それをこなせる時間がなかったからだ。体力と時間のやりくりが急務だった。しなければならないことを、さっと集中して処理し、時間と日程を整理し続けているうちに、いつのまにか時間をどのようにコントロールすべきかわかるようになった。

時間を思い通りに扱えるようになると、自分が望むどんなことでも時間の心配なく自由にできることが、いちばん嬉しかった。時間がないことを懸念し、せっかくのチャンスを断らなくても済むようになった。

私たちにはどうしていつも時間がないのだろうか？

第一の理由は、時間を流れるままにしているからだ。時間は物理的な形をしていないので、手でぎゅっとつかむことはできない。でも、時間を「固定」する方法がある。**まず時間の特性を理解してみよう。時間は意識して眺めるときは、ゆっくり進む。時間を忘れている場合は早く進む。**

世の中で最も時間が過ぎていかない二大ケースがある。カップ麵のできあがりを待つ時間とプランクの姿勢（体幹トレーニングの一種）を維持する時間だ。この二大ケースでは、どうして時間がゆっくり過ぎるのだろう？　それは、時間を「意識」しているからだ。同じ原理で時間を「忘れて」いれば、時間は早く過ぎる。デパートやショッピングモールに窓や時計がない理由も、客に時間の流れを忘れさせるためだ。

仕事が終わって帰宅後、シャワーを浴びて食事をしただけなのに、時間があっという間に消えたと感じるなら、時間を意識せずに自由に流れるままにしているからだ。**時間を意識して使ってみれば、急に帰宅後の時間がとても長く感じられるだろう。このようにして24時間モニタリングする習慣をつければ、他の人より2倍長い一日を生きられる。**

時間がないと感じる第二の理由は、重要でないことに時間を奪われるからだ。一日の中で自分がすべきこと、あるいはしたいことなど、自分にとって価値あることをする時間は思ったほど長くない。ところが、友人とメッセンジャーでたわいもない話をやりとりする時間、リアルタイムの検索ワードをクリックしてチェックする時間、SNSを習慣的にスクロールする時間を合わせるだけでも思った以上に長い。

30分ごとに振り返ってみれば、自分がどのように時間を使っているのかを正確に把握することができる。

時間を意識的に管理する

同じ仕事をしているのに、退勤時間になっても仕事を終えられず、家に仕事を持ち帰る人がいるかと思えば、業務時間内に仕事をすべて終え、帰宅後に余暇を楽しんでいる人もいる。彼らの違いは何だろうか？　単純に考えれば集中力の差だと思うかもしれないが、前述したように時間を「意識しているか」が重要なポイントなのだ。

もちろん、一日中ずっと時計を注視せよ、ということではない。ただし今は何時で、この仕事を始めてから何時間が過ぎたのか、今、自分が何をしているのか、などをすべて把握しておくべきなのだ。

ぼんやりしている間にも時間はすばやく逃げていく。だからこそ、時間を常に意識していなければならない。

出勤して働く8時間をバラバラに分解すれば、働く時間と働かずにぼうっと過ごす時間が複雑に入り混じっているはずだ。さらに言えば、働く時間にも集中して働いた時間と、気持ち半分で働いた時間が混じっているはずだ。それゆえ、意識の片隅に監視者を置いて、自分が今何をしているのか、この仕事を終えるために設定した時間はどれくらい残っているのかを繰り返し確認する習慣が必要になるのだ。

そんな中で、重要ではない別のことに時間を割いていると、それにすばやく気づけることもある。

日常でも同じだ。誰にでも同じように24時間が与えられているが、特段することもないのに、いつも忙しいという言葉を口にする。一方、別の誰かはすでに多くの仕事をこなしていながらも、新しいチャンスが訪れたら逃さない。これもまた、時間を意識しているかいないかの違いだ。

時間を意識せずに使う人は、底の抜けた甕《かめ》に時間をためて使うようなものだ。どこから時間が漏れるのかを突き止めるためには、デイリープランナーの使用を強くお勧めしたい。漏れている時間を確認し、底の抜けた甕を直すのに最良の方法だ。私もまた時間管理を継続する上で、中心に置いている習慣だ。

それでは、どう時間を確認し、モニタリングするか、その方法について探っていこう。自分が時間をどのように使っているのかを把握できれば、その修正点がわかってくるはずだ。

時間に意識を向ければ、
時間はもっと長くなる。

方法

2 今日一日の行動を振り返る

1 時間ごとの行動を記録する

「これから時間管理をしっかりするぞ！」と思った人が真っ先に思い浮かべるのは、まさにプランナー（スケジュール表）だろう。基本的にプランナーとは、すべきことを事前に計画するために使うものだ。

しかし私は時間管理のためなら、事前計画より、むしろ事後記録が重要だと考える。実際、私を大きく変化させたのも事後記録で、さらに実践率が高まったときも、事後記録に集中したときだった。

事後記録とは、ある時間にどんなことをしようと事前にプランを立てて記録するの

ではなく、あることを終えるたびに、または1時間ごとにさっきまでしたことを記録する方法だ。

すでに起こったことを記録することにどんな意味があるのだろうか？

まず、自分が1時間ごとに何をしていたのかつぶさに観察できる。そして地道に記録していくと、自分に特徴的な時間使用パターンを発見できる。**どの時間帯によく集中しているのか、いつどこで、どんな種類の仕事をするときに効率が落ちているのかなどを確認できるのだ。**

そのときすぐに反省もでき、一日を終えて、今日一日どのように時間を使ったのかフィードバックできる。このように甕の底から漏れ出した時間を確認すれば、新しい仕事をする時間も確保できる。

だから私は1時間ごとに何をしたかを事後記録する方式でプランナーを使う。これがプランナーを使う際のコツのすべてと言っていい。簡単だが、習慣化するまで実践はかなり難しい。まず、決まった時間のたびに記録しなければならないということ自体を忘れがちだ。私たちは、無意識のうちに日々の習慣に身を任せて生活しているからだ。

実際にポケットにプランナーを入れておき、時間ごとに取り出して記録することは面倒なので、さまざまなツールを利用している。私は思い出すたびにカカオトーク（メッセンジャーアプリ）の「マイトーク」機能を使って、今やっていることを自分自身にメッセージで送り、後でプランナーに書き写す。ある仕事をして次の仕事に移る際にメッセージをさっと送れば完了だ。メッセージを送るたびに送信時刻が自動的に記録されるのがいい。

このように思いつくたびにメッセージを送っておいて、机の前に座ったときや夜寝る前にプランナーに一つ一つ書き写せばいい。この他にもいつどんなことをしたのか、簡単に記録できる「トグルトラック（Toggl Track）」のようなアプリを活用してもいい。時間管理に役立つアプリは、１７７〜１８１ページでまとめて紹介する。

事後記録型デイリープランナーの使い方

デイリープランナーなしでは時間管理について説明できないほど、事後記録は時間管理の基本であり、すべてだと私は考えている。

142ページに例として挙げるが、私のデイリープランナーは大きくタイムライン、To-Do List、水分摂取および食事記録の欄から構成されている。記入項目を一つずつ取り上げてみよう。

1 To-Do List

前日の夕方に、翌日すべきことを前もって書いておく。思いつくままに記さず、重要なことから順に1番から6番まで記録する。下の0《ゼロ》と表記されている場所には、重要度に関係なく今日中に処理しなければならない雑多なことを書く。例えば「シャーペンの芯を購入」というようなことだ。

To-Do Listは当日の朝に書いても良いが、前日の夜に書くことをよりお勧めする。夜に明日すべきことを記入した人は、そうでない人より平均9分も早く寝られるという研究結果もある。すべきことを紙に書き出しておけば、頭の中で覚えておこうと苦労しなくてもいいからだ。[5] また、前日の夜に翌日すべきことを書き留めれば、朝起きたと同時に目標に向けてまっすぐ行動できるというメリットもある。

デイリープランナーの書き込み例

DAILY PLANNER　Date：20××年1月5日

Today's goal

出会う人みんなに親切にしよう

Timeline			To-Do List	
起床	06:00	起床	1 報告書作成完了	□
運動	07:00	運動	2 専門分野の勉強	□
	08:00	移動	3 帰宅後ルーティン	□
	09:00	出勤、メール確認	4 読書	□
	10:00	午前の会議	5	□
	11:00	仕事	6	□
	12:00	昼食	0	□
	13:00	仕事	0 シャーペンの芯を購入	□
	14:00	時間の浪費	0 インターネット開通予約	□
報告書作成	15:00	報告書作成		
	16:00	プレゼン準備	Check　水分摂取	
	17:00	仕事、退勤	●●●○○○○○	
	18:00	夕食、コーヒーブレイク		
	19:00	コーヒーブレイク		
専門分野の勉強	20:00	専門分野の勉強	Check　食事	
	21:00	専門分野の勉強	朝食：ベーグル	
読書、瞑想	22:00	読書、瞑想	昼食：パスタ	
	23:00	就寝	夕食：定食	
	24:00		間食：クッキー2枚	

❷タイムライン

事後記録が重要でも、事前計画をしないわけにはいかない。時間基準で左側には事前計画、右側には事後記録を記入する。事前計画欄にはTo-Do Listにある内容を、時間帯別に書き入れることができる。時間を決めておいて行うルーティン、あるいはその日の約束を書けばいい。時間の両側に事前計画と事後記録をつけるので、計画をどれだけ実行に移せたのかすぐに比較できる。また、何かをするとき、予想した時間よりも長くかかったり、早く終わったりする変数を把握することができる。

覚えておきたいのは、事後記録がこのプランナーの核心だということだ。最も重要なことは、時間が過ぎ去った後、記憶をたどりながら、夜にまとめて書いてはならないという点だ。人は今日一日にしたことを時間別に細かく覚えていられない。

記憶に頼って書くことは、詰まるところ書かないことと全く同じだ。事後記録をする目的は、自分が思いもよらなかった瞬間に無意識に使って浪費している時間を正確に把握して減らすことにあるからだ。

今日したことを全部書いたら、五つまたは六つのカテゴリーに分けて色指定するのもお勧めだ。専門的な勉強は黄色、クリエイターとしての業務はピンク、会社の仕事は赤、自己啓発は青、休憩は緑、ムダな時間は灰色に分類する。色を塗ると、今日はどんな仕事にどれだけ時間を使ったかが一目で直感的につかめていい。また夜に帰宅し蛍光ペンを引きながら、今日一日をどう過ごしたのかもう一度チェックして振り返ることができる。

注意してほしいのは、会社で過ごしたすべての時間をひっくるめて「仕事」と記録したり、机に向かって座っていたすべての時間を「勉強」と記録したりしてはならないということだ。業務をしたら、どんな業務をしたのかできるだけ詳しく記録しよう。仕事中にネットサーフィンや同僚との雑談など他のことをしたら、包み隠さず記録しよう。勉強をしたら、省略せずにその科目まで記録しよう。合間合間にムダにする時間を把握するのに大いに役立つ。

③水分摂取や食事の記録

デイリープランナーの右下部分は、自分が重要だと考えることを毎日記録できるチェック欄だ。私は水分摂取と食事が大切だと思うので、毎日記録している。トレーニングが欠かせない人は、運動量を記録する欄にして使えばいいだろう。

自分でフィードバックし、改善する

初めてデイリープランナーを使うと、思ったよりムダな時間が多く、充実した時間が少ないことに驚くだろう。毎時間を客観的に記録しなければ、私たちの頭の中は一日の時間をまとめて記憶して「今日は忙しい一日だった」「今日は机の前に長く座っていたのに、なんでこれしかできなかったんだろう」というふうにしか考えられなくなる。

問題をしっかり把握しなければまともな改善はできない。特に改善する気がなくても、毎晩「事実《ファクト》の暴力」を受けると、意識的に行動改善するしかない。**誰かに強制的に変えられるのではなく、必要性を自分で確認して反省し、改善すれば、間違いなく習慣を自分のものにできる。**

時間管理についての本を数百回読むより、デイリープランナーを一ヵ月間使ってみるほうが、時間管理をするにあたって、よほど役立つだろうと断言できる。

デイリープランナーを使うのは確かに難しい。毎時間忘れずに記録することも、最初は面倒だし、疲れる。時に記録することを忘れても、完璧に書けなくても、あきらめずに続けていくことがポイントだ。

試行錯誤を経てなんとか根気よく続けられたら、息を吸うように自然に記録できる日が訪れる。その日が来て初めて、プランナーを使うと誓ってがんばった自分に感謝できるだろう。

時間を記録するだけでも、
時間の主導権を握れる。

方法

3

帰宅後ルーティンの時間割を作る

いつどんな仕事をすれば、最も効率的か

　ここまで、与えられた時間を細かく記録する方法について学んだ。今度はその記録を活用する段階だ。帰宅後の時間はどんな時間にも増して、隙を与えるとあっという間に消えてしまう。そのため、**帰宅後時間を充実させたければ、決まった時間に決まったことをするルーティンを作るのがお勧めだ。**

　どの時間帯にどのようなことをすれば最も効率的かを知るには、デイリープランナーを使いながら集中度も一緒に記録すればいい。デイリープランナーに記録し、振り返った結果、私は午前中に体力的にエネルギーに満ち、体を使うことに向いていて、

夜にはクリエイティブなことをするのがうまくいくタイプだとわかった。そのため主に運動は朝、動画編集や執筆作業は夜に行う。このように、自分に合わせて計画的に時間別目標を配分し、ルーティン化する。具体的な方法を見てみよう。

❶空き時間を把握

一日のうちで自分が使える空き時間をすべて記録する。いつどんな仕事をするか計画を立てたいなら、まず空き時間から把握しなければならない。私は出勤時間が午前10時で、他の人より多少遅いほうなので、午前に2時間程度、退勤後に3時間程度確保できる。朝9時に出勤したとしても職場との距離によって空き時間は変わるだろう。もし通勤時間が長いなら、帰宅後時間だけ確保しても充分だ。

定期的に割かなければならない時間もすべて記録し、空き時間から差し引く。例えば、退勤して夕食をとる時間、夕方のペットの散歩時間など、すでにルーティンになっていることもあるだろう。このように決まった日課を除いた残りの時間は、純粋な自由時間だと言える。**決まった日課を先に空き時間から差し引く理由は、やりたいことをするのに夢中になって、基本的で重要なことをないがしろにするのを防ぐためだ。**

実際にバタバタして、本当に重要なことや大切な人をおろそかにしていた私自身の骨身にしみる経験から生まれた教訓だ。

❷やりたいこと、所要時間、集中度の確認

次に、やりたいことと予想所要時間、必要な集中度を考えてみる。計画的に毎日または週に二、三回行いたいことがあれば、一日に何時間程度にするか決めよう。予想所要時間を頭の中で考えれば、実際とは大きな差が出るだろう。「まあ、この程度なら1時間で充分！」と思っていても、いざやってみると思い通りにいかない場合が多い。

事後記録をするデイリープランナーは、予想時間に少しでも現実性を持たせて把握するのに役立つ。時間別にやったことがすべて記録されているので、以前、これをするのにどれくらい時間がかかったのか、すぐに確認できる。初めてのことなら、いったん一・五倍ほどゆとりをもって予想所要時間を設定し、実行しながら修正すればいい。

❸帰宅後ルーティンの時間割を作成

ここまで完了したなら、最後に学生時代のように一週間の時間割を組んでみる。自分だけの帰宅後ルーティンの時間割を完成させるのだ。それがイブニングプランナー

（153ページ参照）だ。大学生の講義の時間割のようにブロック型で書けばいい。実際に実践してみると、予想とはずいぶん異なるはずだ。あることは思ったより時間がかかり、あることは夜行うにはエネルギーの消耗が激しいかもしれない。必要に応じて適切に修正しながら使用しよう。

計画修正を失敗と考える人が多いが、決してそうではない。「戦略的修正」と考えよう。最初の計画は後で修正するためのアウトラインとし、大まかにとらえたら、実践する過程で修正を加え完成させていくのだ。

時間割は自分をラクにしてくれる

人によっては、時間割のように組んだルーティンが足かせと感じられるかもしれない。当然ながら時間割を組んでおけば、時間単位で守らなければならないというプレッシャーを感じる人もいるだろう。午後10時から英語の勉強を始めたのに、時間が押すとストレスを受けるという具合だ。たかが数分過ぎたという理由で、最初から投げてしまう場合も多い。

計画を立て、時間ごとに目標を決める理由は、自分を縛りつけるためではなく、便宜上だということを記憶しておいてほしい。 突然、自分が好きなように使える自由時間がぽんと与えられたら、何をしたらいいか途方に暮れるしかないだろう。

特に私は気が散りやすくやることも多いので、スケジューリングしておかないとあたふたしてしまう。だからやるべきことをシンプルに整理するためにイブニングプランナーでスケジュールを組んで、それに合わせて動くことにしたのだ。分厚く複雑な専門書から、必要な部分を早く見つけるために索引を作っておく感じだ。

幼い頃は与えられた時間割が窮屈で、足かせのように感じられた。でも、すべきことが多くなった今、このように体系的に構成された日程があるほうがむしろ気楽だ。 その都度、何をすべきか悩むことで慌ただしい日常を送るより、時間別目標をしっかり計画しておいて、そのままそれに従う生き方がシンプルでいい。

急用ができたり、もっとやりたいことが出てきたら、私は計画通りに行動できないストレスを受けることなく、その日の計画を柔軟に調整する。計画は自分を助けるために利用するのであって、自分を監視し束縛するものではない点を肝に銘じておこう。

イブニングプランナーの書き込み例

EVENING PLANNER

Timetable

	MON	TUE	WED	THU	FRI
17:00	業務時間				
18:00	会社帰りにポッドキャストを聴く				
19:00	夕食&家事				
20:00	業務関連コラムを読む		動画企画&編集		
21:00	英語の勉強				
22:00	ヨガ、シャワー				
23:00	クラシックを聴きながら読書				
24:00	デイリープランナー作成/瞑想、就寝				

がんばりすぎず、持続可能な計画を

「思いついたら」何かに取りつかれたかのように一つのことに没頭する人がよくいる。何かを始めるとなったら、早く成果を出したいものだから、自分が望む水準まで到達したいという欲がそうさせるのかもしれない。しかし、こうして初めから情熱を燃やしすぎるのは危険だ。あまりにも早くガス欠になり、興味を失い、ぐったりしてしまい、挫折する可能性が高いからだ。

どんなに楽しくても、どんなにすべてのステップをひと飛びで越えていきたくても、コツコツ地道に続けよう。

たいていの場合、このバランスをおろそかにしがちなので、時間別計画の段階で、目標をバランスよく分けることが肝心だ。もっと進めたくても休まないといけない。コツとしては、計画した分量を終えたら、別のことに移ることだ。

自己啓発にせよ、勉強にせよ、仕事にせよ、サイドプロジェクトにせよ、私が最も大切にしているのは「持続可能である」ことだ。持続可能な自己啓発、持続可能なサイドプロジェクト……。

初めてのことをスタートするときは、物足りないと感じる程度が適量だ。「一日30分だけの勉強で効果があるのか?」といった疑問を抱くなら、まさにその程度がベストだ。30分でも充分に多いという気がするまで半月もかからないだろう。

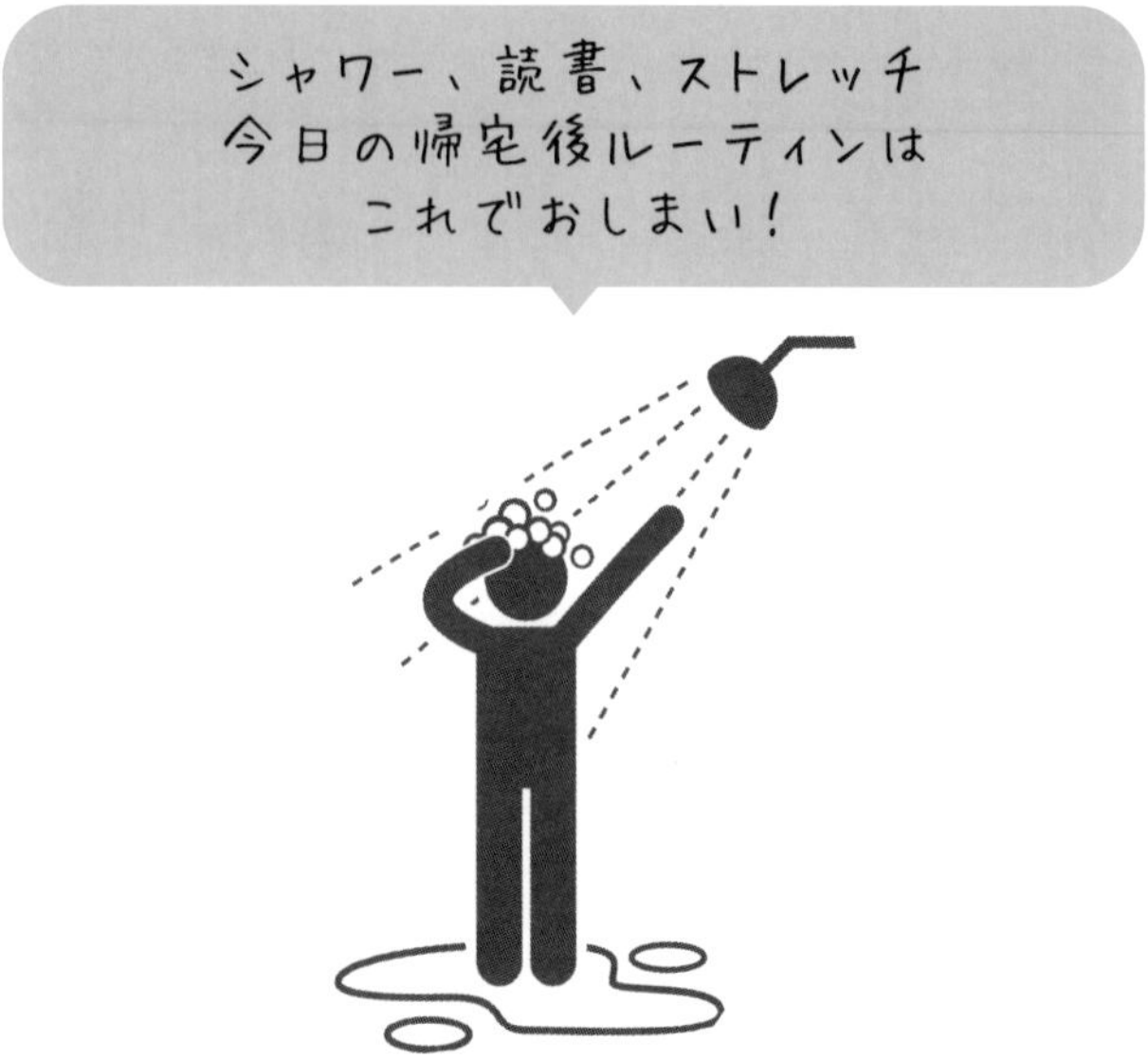
シャワー、読書、ストレッチ
今日の帰宅後ルーティンは
これでおしまい！

やることを決めてあるから、
時間をムダなく使える。

何をしようかと考える間にも、
時間はとめどなく流れていく。

方法 4 ポモドーロテクニックで集中する

いつも何かに追われる生活

やるべきことが多く、時間は常に足りない。私たちはいつも多くのことに押しつぶされて生きている。

自分の体より大きい紙袋にオレンジをいっぱい詰めて、危なっかしく下り坂を歩いているようだ。そのうち結局紙袋が破れて、転がり落ちるオレンジを必死に拾おうとするが、破れた袋からはオレンジがこぼれ続ける。一つを拾って袋に入れると二つが落ち、また転がり落ちるオレンジをあわてて拾う。こうして一日を過ごすと、エネルギーを使い果たし、すっきり解決したものなど何一つないまま一日が終わる。

私は物事を毎日コツコツと続けるのは得意だが、一回あたりの集中力はとても短い。以前は、Aをしていて急に頭の中をBがかすめれば、やっていたことを中断してBになびいたりした。そして、また元のAに戻って集中できるまでにはかなり時間を要した。

気を散らさず一箇所に留めておくことが、私にはいちばん難しかった。最初は単純で無知だったので、集中力を失うと、脇道にそれてはまた元の道に戻り、また脇道にそれ、また元の道に戻るということの繰り返し。戦略とは言えないかなり非効率的な方法だ。

このようなやり方をすると、必然的に、かける力に比して成果はさほど出ず、体力的にも精神的にもとてもつらかった。そこで私は他の方法を探したのだ。

集中と休憩を繰り返すポモドーロテクニック

多くのことに巻き込まれてあたふたしたくないなら、現在やっていることに自分自身を縛りつけておくしかない。生まれつき散漫な私は、いつもあることをしながら、幾度となく他のところへ気を取られてきた。私の体は、現在この机の前で作業をしているのに、頭はしきりに昨日したこと、明日すべきことを考えたりした。当然ながら、集中力が弱まり、没頭できなかった。

そのため私はどこかに自分を縛りつける練習をした。もちろん、物理的に本当に体を椅子に縛りつけたのではなく、盛んにどこかへ逃げようとする私の精神を杭《くい》に縛りつけておく方法を一生懸命考えたのだ。

その中で最も効果があったのはポモドーロタイマーだった。集中力を高め、単位時間あたりの仕事の効率を最も高めるツールだ。

ポモドーロタイマーとはトマト型キッチンタイマーのことを指す。そして「ポモドーロテクニック」という名のごとくタイマーをセットして仕事をする。ちなみに、この方法でも締め切りが決められたミッションのように働くのではなく、仕事に集中する時間に仕事以外のことをしないことに意義がある。

方法は、いたってシンプルだ。まずは集中時間と休息時間を決める。「45分集中―15分休憩」サイクルが私には最適だった。やることが多いと、焦りから休み時間が長すぎるのではないかと思うかもしれないが、まともに集中さえすれば45分は充分長い。もちろん、人によって集中力が違うので、時間を調節しながら自分に最適なポモドーロサイクルを決めればいい。**このように一定時間集中して一定時間休むことを「1ポモドーロサイクル」という。**

重要なことは集中時間には絶対に他のことをせず、休み時間には必ず休むことだ。仕事の種類を変えてもいけない。例えば、資料を調べている途中に、いきなり送らなければならないメールが思い浮かんでも、メールを送ることに移行してはならない。急に何か思い出したなら、横にメモして1サイクルを終えた後にする。当然、スマホは遠ざけておいて確認してはいけない。

ポモドーロタイマーではなく、一般的なストップウォッチを使っても問題ない。残りの時間が赤色で表示されるグーグルのタイマーでも、スマホアプリでもいい。ちなみに、アプリストアで「ポモドーロタイマー」と検索すると無料アプリがたくさん出てくるので、好きなものを選んでダウンロードして使える。

このようにサイクルを繰り返し、3〜4ポモドーロサイクルを終えたら、次は30分以上の長い休憩を取る。

ポモドーロテクニックでは、きちんと休むことが、きちんと働くことと同じくらい重要だ。

普段のやり方よりさらに集中することになるので、エネルギーが早く枯渇し精神的な消耗が激しいからだ。

45分間集中し、15分間息抜きをする方式で働くと考えれば理解が早い。途中でやめたくなっても45分間耐えることに慣れれば、次第に集中力も高まる。散漫で雑念が多い人に、特にお勧めの方法だ。

現在していることに、意識を向けて
集中しなければならない。

方法
5
ミニマリズムで余計な悩みを減らす

必要のない時間を整理する

職場に通いながら、やりたいことを本当に「全部」することはできない。時間に限りがあるからだ。だから、重要度によって優先順位を決めることが肝心で、重要度の低いことをあきらめるのも戦略だ。では、あきらめやすいこととは何だろうか？　自分の人生で重要性の低いことを容赦なく削除しよう――これ以上使わないファイルを思いきって削除するように。すると日常がミニマル（最小限）になる。

ミニマリズムはムダな時間の浪費だけでなく、お金のムダ遣いも減らしてくれる。

例えば、私は季節によって好きな服をいくつかだけ選んで着る。さらに、それさえも時間を取られるので、春、秋には制服と呼んでいる毎日着る出勤用の服も用意した。化粧品も使っていたものがなくなると、あえて新製品を見ないで同じ製品を注文する。「最近出た新製品、肌が明るくなるらしい」「あのアイシャドウのほうが発色が良くてコスパはこっちのほうがもっといいらしい」こんなことに気を使い、悩み、インターネットで徹底検証する時間を減らせる。

カメラも同じだ。YouTubeチャンネルを三年以上運営しながら、同じカメラを使い続けている。

このように最小限の選択肢だけで生きることは、選択する時間とエネルギーを節約してくれる。どの新しいカメラを買うか悩みながら、カメラ機種別のレビューをチェックする時間が減らせる。毎朝ソイラテとブルーベリーベーグルだけを食べる。スマートフォンとカメラは故障するまで買い換えるかどうか悩まない。

服を買って毎朝その日着る服を選ぶ、新発売の化粧品をチェックする、何を食べるかを決める、など**選択のために悩むことは、もっと重要なことができる時間とエネルギーを奪っている。**何よりも、これらは人生においてあまり重要ではない。ある人は、何のために、そこまで、数分まで節約して暮らすのかと言うかもしれないが、わずかな時間も、塵《ちり》も積もれば山となる。選択に対する悩みは、時間はもとより体力もかなり必要とされる。もっと価値のあることに悩むパワーを蓄えたほうがいい。

やりたいことは多いのに時間がない、と言うなら、本当に時間がないのか、最もやりたいことをするために断念する勇気がないのか、見極めないといけない。

もしかしたら、のらくら過ごす安らぎを手放す勇気がないのかもしれない。だが何も手放さず、または努力せず、ただ「時間がない」とあまりにも簡単にあきらめていないか振り返ってみよう。重要なことを中心に、他のあらゆる重要でない細々としたものを削除してみよう。

急ぎの用事ではなくとも、大事なことはある

私もサイドプロジェクトを始めた頃は、時間管理が下手で優先順位のつけ方もよくわからなかった。がむしゃらに仕事を広げたあげく、追われるように対応する生活を続け、周囲の人たちにもあまり気を使えなかった。親しい友達との約束や家族との時

間を後回しにし、「ごめん、最近忙しくて」「今度ね、時間ができれば」と同じ文句を繰り返すオウムのようだった。仕事時間と休息時間がしっかり分けられていなかったせいで、人としてだんだんおかしくなっていった。忙しいという理由で大切な人と遠ざかったりもして、悔やんだ。

ふと、私はある原則を思いついた。教会に通う信者のように生きよう。私は教会には通わない。でも、教会に通う多くの友達は、「日曜礼拝の時間」は外せないから、その時間を除いて日程を組んでいた。どんなに忙しくても、月曜日に重要な試験があっても、日曜日は礼拝に参列するため、最初から日曜日の礼拝時間は動かせない時間と考えているのだ。

人々が優先順位を決める際に忘れているのは「急ぎではないが重要なこと」である。

信者にとっては礼拝に参加すること、信仰のない人には大切な人との時間、休息、運動、瞑想のようなものだ。本当に大切なことなのに、急ぎの用事でもなく、変化や結果が目に見えないため後回しにしてしまう。しかし、それならなおさら意識的に気を配り、あらかじめ時間を取っておかないといけない。いくら時間を効率的に使おうと決心しても、大事なことまで削ってしまわないように気をつけたい。

重要でないことに、思った以上に
多くのエネルギーと時間を浪費している。

方法

6

ムダな時間をなくす

休憩？ それとも時間の浪費？

時間を管理すると一度決めたら、すべての時間を生産的なことで埋めなければ、という強迫観念が生じがちだ。また、時間管理が上手な人というのは、一時も休まず働き、勉強し、自己啓発に取り組む人なのだと誤解されやすい。

さらに、デイリープランナーを書くときに最もその傾向が顕著になる。プランナーに毎時間、何をしたのか漏れなく記録しなければならないのだが、「休憩」「ドラマ視聴」などはなぜか書くのをためらいがちだ。そもそも時間管理というのは、すべての時間を生産的に変えることではない。

休憩後「ああ、よく休んだ！」と気分爽快になった経験もあれば、何もしていないのに時間があっという間に消えて、気分が沈んだ経験もあるだろう。注意すべき点は後者であって、前者ではない。充分睡眠をとってしっかり休むなら、心身共に思いのまま休むのがいい。休むことにまで、大義名分を掲げる必要はない。ぼうっとするのも一種の瞑想で、おしゃべりもストレス解消にとても良いのだから。

私はオンラインで「毎日デイリープランナーを書く会」を開催している。私たちが書くデイリープランナーは一日にしたことを五～六種類に分類するのだが、その中で多くのメンバーに共通して混乱が見られるのは、「休憩」と「時間の浪費」だ。どちらも生産的なことをしないという点では同じだが、「休憩」には肯定的な意味合いが、「時間の浪費」には否定的な意味合いがある。この二つを明確に区別できない人が多い。

あるメンバーは「充電された感じがすれば休憩で、休んだ後に後味が悪いと時間のムダだと感じる」と話した。あるメンバーは、「体力的、精神的に限界が来たときに休むのが休憩だ」と言った。さまざまな意見が出たのだが、無計画に何も考えず過ごした時間はムダだとする意見に多数が共感した。

時間管理の最大の敵は休憩時間ではなく、きちんと休むことも、まともに働くこと

すらもできず、意味もなく過ぎていった時間。つまり、無意識に過ぎた時間だ。

このように過ぎた時間は、単に自分の人生から削られた時間と同じなのだ。こんな時間をすべて合算すると、悔しくもったいない気分になるだろう。

目を大きく見開いて、甕の底から漏れる時間がないか、門番のように自分の時間を死守する必要がある。目的もなく習慣的にぼんやり繰り返していることがあるなら、警戒しなければならない。

もちろん、常にしっかりした時間管理を習慣化させるまでには大変な思いもする。自分が主にどんな状況で時間を湯水のごとく浪費しているのか、あらかじめ把握することが欠かせない。時間を忘れてあっという間に時間がムダに過ぎてしまうことは何か、そのリストさえ持っていれば、そんな状況に直面したときに対処できる。

スマホ中毒脱出法

あることをしようと決めた時間なのに、頻繁にスマホをいじっていたら、その時間は仕事をした時間になるだろうか？　それとも他のことをしていた時間だろうか？

SNSに「いいね」がされたとの表示がないか、自分が知らない間におもしろいニュースが出ていないか、気になってスマホをちらっと見てそのままハマってしまうケースがよくある。スマホ中毒は私も経験済みで、克服しようといまだにがんばっているところだ。本当にありとあらゆる方法を試すほど、涙ぐましい努力をしてきた。その中でも特に効果があった方法を紹介したい。

1 スマホを目につかないところにしまっておく

まずいちばん簡単な方法は、スマホを目につかないところにしまっておくこと。スマホ中毒は、ほぼ自動化された習慣で、目につくところやすぐ近くにスマホがあれば、無意識のうちに触ってしまう。まるで何かに操られているようだ。

まずは、いったん目立たないところにスマホを置こう。私は仕事で電話を使わないので、主に引き出しの中にスマホをしまっている。充電器をあえて遠くに置くのも効果的だ。

❷スマホの画面に付箋を貼りつける

スマホを引き出しに入れても、私の手は時々、自分の意思を無視して引き出しを開けてしまうので、スマホを見ないようにするための小さなハードルをもう一つ追加する。スマホの液晶画面の上に付箋を貼りつけるのだ。

そんな、些細なハードルを一つ追加するだけでもその効果はあなどれない。付箋に何か気の利いた言葉を書いておくのもいい。

スマホを見るためには、まず引き出しを開け、それから画面に貼られた付箋をはがさなければならないわけだ。このように、スマホを見るのが少しずつ面倒だと自分に思わせることで、ようやくスマホの誘惑を振り払うことができる。

❸スマホ使用計画書を作成する

本当に急ぎの仕事で締め切りが迫ったときや、集中力を必要とする日には「スマホ使用計画書」を書く。大げさな名前だが、方法は単純だ。スマホ画面に貼る付箋にスマホを確認する時刻をあらかじめ設定し、書いておくだけ。

例えば、朝に一回、昼に一回、午後に一回、退勤時に一回確認することに決めたら、「午前9時／午前12時／午後3時／午後6時」と書き、実際にスマホを確認するたびに、付箋に確認時刻を記録する。自分で決めた時間以外は絶対にスマホを見ないと誓う強硬手段なので、普段は別として、試験準備時や、締め切りが迫ったときにお勧めだ。

韓国では、最近アクリルで作られたスマホの保管箱が販売されている。透明なアクリルボックスにスマホを入れて南京錠でロックするのだが、タイマー機能があり、一定時間経過しないと開かない。このような商品まで出るほどだから、スマホ中毒がどれほど深刻か、想像にかたくない。

ネットサーフィンで良い情報は得られない

もう一つの代表的な時間泥棒が、ネットサーフィンだ。一見すると、スマホ中毒とネットサーフィンは似ているように見えるが、最大の違いは、多くの人がネットサーフィンを「生産的なことをするための準備過程」だと勘違いしている点だ。

簡単な例を挙げると、運動を始める前に、機能的なスポーツウェアの検索を無限に繰り返し、肩幅が広がらないで済むための運動には何があるかを検索する。その途中でダイエット食品を発見すれば、あらゆるブログレビューを事細かくチェックし、それでも飽き足りず、YouTubeのレビューまですべて参照する。まさに情報の海を無限に泳ぐ格好だ。このように意識の流れるまま資料を検索していると、1～2時間は軽く過ぎてしまう。

でも、このような無限ネットサーフィンの特徴は、別に役立つ優れた情報を得られないという点だ。実際には、ネットで情報を探すより行動するほうが早い。

運動に関する情報はジムに登録してトレーナーに訊いてみるのが早く、どんなヘアスタイルにするかネットで芸能人の写真を何時間もあれこれ検索するより、美容院で自分の髪の長さと顔の形に似合うスタイルをいくつか提案してもらうほうが効率的だ。

何かを準備するという名目でムダにする時間があまりにも多いことに気がつき、私は対策を立てることにした。**その対策とは、時間に制限をつけて悩むことだ。**時間制限があれば、ネット上に氾濫する情報に振り回されず、本当に急いで必要な情報だけを検索することに集中できる。

そして、何かを実行するために、実はそれほど多くの情報が必要でないということ

も知っておきたい。最低限の情報さえあれば、何でも始めることができる。

YouTuberになる方法を無限に検索する必要はない。動画を撮ってYouTubeにアップロードすればYouTuberの誕生だ。

何でも始めてみてから学ぶことのほうが、本当に役に立つ情報と言える。たとえ情報が少なく、多少間違った選択をしたとしても、後で修正すれば済む話だ。ネットサーフィンをあまりしなかったからといって、事前の情報が少し足りなかったからといって、取り返しのつかない過ちを犯してしまうケースはまれなのだから。

来週読む本を探して
決めようかな。

2時間後：うわ、このドラマ
映画化されるって!?

何かを準備するという口実で
時間を浪費しないようにしよう。

TIPS

時間管理のお役立ちアプリ

スマホは私たちの日常をとても便利にしてくれたが、その半面、私たちの時間の多くを奪ってもいる。いったん手に取れば、何も考えずに数時間をムダにしてしまう恐ろしい代物だ。これ以上時間をムダにしないよう、時間を管理するためのグッズとしてスマホを使ってみてはどうだろうか？　ここでは、時間管理とルーティン作りに役立つアプリを紹介したい。

●ビジュアルタイマー(Visual timer)　無料

私がいちばんよく使う生産的なアプリで、残りの時間が赤色で表示されるストップウォッチアプリだ。機能がシンプルなので類似した他のアプリを使っても構わない。スマホ内蔵の基本的なストップウォッチを使ってもいいが、残り時間が視覚的に赤く見えるという点で、時間設定内に集中力を高めるのに効果的だ。ポモドーロ方式で働く際は、45分程度の集中時間を決め、その間はスマホを見ないで仕事に集中してみよう。マイタイマー機能があり、頻繁に行う業務ごとに、集中時間をあらかじめ登録しておき、「お気に入り」機能で利用することもできる。同じ仕事をするときも集中度によってかかる時間は千差万別だ。仕事別の所要時間をもとに、その日の集中度のフィードバックもできる。

●フォーカス（Focus）　無料　アプリ内課金あり

集中できる時間を自分で設定し、決めた時間だけ集中力を保って勉強や仕事ができるようにしてくれる仕事効率化タイマー。ビジュアルタイマーと似ているが、ややアップグレードされたタイプで、一日のうち集中した時間の集計機能がある。一日の集中時間、一週間の集中時間を確認しやすいように統計を表示してくれるのがいい。前日や前週と比較できるため、動機づけにもなる。

ただし、デイリープランナーを別途使えば、プランナーで一日のフィードバックが可能なので、ビジュアルタイマーだけ使ってもいい。

●トグルトラック（Toggl Track）　無料

一日中、時間をどこにどれだけ使ったか確認できるアプリだ。使い方も非常にシンプル。あることを始めるたびに、どんなことをするのかを入力し、スタートボタンを押し、終わったら終了ボタンを押すだけだ。そんなふうに何時から何時までどんなことをしたのか記録したものがたまると、統計まで出してくれる。

一日中机の前で過ごす事務職や学生ならデイリープランナーをそばに置いて決まった時間に記入できるが、外回りが多かったり、いつも一定の場所にいない人には大変だ。例えばバスに乗っていて、急にプランナーを出して書くのは難しい。こんなとき、トグルトラックを活用すれば手軽だ。

ワークフローウィー（Workflowy）　無料

リスト作成用アプリとして有名。このアプリの活用本があるほど活用度が無限なのとは裏腹に、使い方はとてもわかりやすい。時間管理用のアプリというより、考えを整理するためのツールに近い。To-Do List を作成したり、アクションプランナーの代用として簡単に使える。

私は本や講義の目次の作成時やYouTube動画の企画時にもよく活用する。パソコンやスマホ、タブレットなど、すべての機器と連携可能で汎用性があるのもメリットだ。

世界的に有名なアプリでブログやYouTubeに活用法がたくさんアップされているので、必要に応じていくらでも応用できる。ワークフローウィーの公式YouTubeアカウントもあり、定期的に活用法を紹介するメール配信があるので、興味があれば参考にしてほしい。

●フォレスト（Forest）　有料

フォレストは、スマホの使用時間を減らすために考案されたアプリだ。あらかじめ約束した時間にスマホを使わなければ木は育つが、途中で我慢できずにスマホを使うと木は枯れてしまう。上手に育てれば褒美としてコインが与えられ、このコインで新しい木を購入できる。

強制力がありながらも、難なく時間のムダを減らすことができる。重要なことがあってスマホに邪魔されずに集中したいとき、目標時間をあらかじめ決めて木を育ててみよう。

●マイハビッツ（My Habits）　無料

マイハビッツは、ルーティン作りをサポートしてくれるアプリだ。ルーティン化したいものをリストアップし、チェックリストのように活用できる。Androidの場合、スマホのデスクトップにウィジェットを作ることができ、いつも見ているスマホのロック画面に、毎日すべき習慣が表示される。曜日別に異なる目標を設定することもできる。

LESSON

5

帰宅後ルーティンがうまくいく5つのポイント

私たちがルーティン化したいことは
たいてい、楽しくないものばかりだ。
だから、実行しやすく楽しくないと続かない。
自分自身を子どもだと思おう。
上手、上手とほめながら、一歩一歩ゆっくりと
日常で無理なく実践できる
ルーティンを作ろう。

誰一人として過去に戻り、
やり直すことはできないが、
今からスタートして
新たな結末を選ぶことはできる。
——カール・バルト（スイスの神学者）

ポイント

1 続けたければ、ルーティン化する

帰宅後ルーティン作りのための3ステップ

子どもの頃は、毎日同じことを決まった時間に繰り返すのが退屈で仕方なかった。でも、今ではそれこそがラクで、人生が整っていると感じる。すでに述べたように、ルーティンがあることによって、私たちは追いつめられたりせず、与えられた時間を焦らずうまく使えるようになるからだ。

私は毎日、同じ時間に同じことを繰り返せば習慣化できると考えている。そのために、習慣にしたいことはすべてルーティン化する。眠る前30分の読書、夕食前30分ヨガなど、なかなか習慣づけられないことも、一度ルーティンになれば、大きな決意などなくても自然に実践できるのだ。

そこで私はルーティン化する際に、次のような三つのステップを踏んでいる。

- ファーストステップ：小さなルーティンを作る
- セカンドステップ：毎日同じ時間に繰り返す
- サードステップ：一定期間耐える

つらくてもなんとかして一定期間継続しないと新しいルーティンはできない。この時期に最も多く失敗を経験するものだ。運動やサークル活動などでは、半月からひと月の間に多くの人が挫折する。

それを逆にとらえれば、**一定期間耐えられた人々は、持続できる確率が高い。**

小さくて簡単なことからルーティン化する

ただ無意味に「がんばろう！」と叫び続け、気合で乗りきるのは無謀だ。そのためにもファーストステップが最も重要だ。とにかく小さなルーティンを作ること。いったん最も小さい単位のルーティンを作っておけば、一つ一つ追加して、より大きな課題《タスク》を達成させるためのルーティンを作れるからだ。

このとき、小さなルーティンを作るということはタスクの単位を小さくするという意味でもあるが、タスク自体を簡単でおもしろいものにするという意味も含まれている。

ルーティンを作る前によく肝に銘じてほしいことがある。それは「考える自分」は大人だが、「行動する自分」は子どもだということだ。

たとえ自分が社会人生活数年めの一人前の会社員でも、ルーティンを作る自分は小学生ぐらいであるというつもりで設定するのがいい。子どもでも簡単に実践できるようにわかりやすく作り、実践できたら自分をうまくおだてれば、何かしらやり遂げられる。自分の能力を見下しているわけではない。どんなに困難で偉大なことでも、詰まるところ、小さなことから始まっている。

小さなことをしっかりやり遂げてこそ、大きなことも成し遂げられるという事実を忘れないでいよう。

大きなことが、乗り越えなければならない高い壁なら、小さなことをルーティンにするのは、壁に梯子を作る作業とも言える。

梯子をかける気もないくせに、高い壁だけ毎日見上げて「みんなうまくいっているのに、どうして自分だけこの壁を越えられないんだろう」と繰り返し挫折する人が後を絶たない。

だが、**大きなことをやり遂げる人は生まれつきずば抜けた能力がある人ではなく、元から梯子を真面目に作っておいた人なのだ。**

それでは次項では、自分の日常にルーティンがよく定着するように、ルーティンをできるだけ簡単かつ楽しいものにする方法、そしてルーティンをたゆまず実践できるようにするコツを探ってみよう。

晩ごはんを食べて、講義を聴いているけどすごく退屈……。

会社帰りに聴くほうがよく集中できる!

ルーティン化するなら、
自分に最適なやり方を探そう。

ポイント

2

やる気満々の日には始めない

やる気があふれると胃もたれしてしまう

がんばりたい気持ちが急にあふれ出す日がある。こんなとき、人々は動機づけになるコンテンツを熱心に探し回る。バイタリティあふれる人々の講演を聴き、自己啓発書を読んでやる気をかき立てる。

今日はきっと昨日とは違う一日になる。昨日とは180度違う自分になるんだ！

ところが、このようにやる気満々で何かを始めるときは、要注意だ。空腹で急に食事をとると、かなりの確率で胃もたれするが、今までしていなかったことを急に始めるときもこれと同じだ。やる気があふれるときに決めた目標は、自分のコンディションが悪化したとき、あまりにもはるか彼方《かなた》に感じられ、すぐあきらめてしまいがちである。

さらに困るのは、このようなことが何度か繰り返されると、「やっぱり自分程度の器ではできない」という考えがパターン化するという問題だ。

でも、小さなことから始めてうまくいくという成功体験を積み重ねていけば、「私はなんとかうまくやっていける」という考えがパターン化され、成功が一種の習慣となりうるのだ。

私は小さなことが次々とうまくいった際、その流れに乗って大きなことを成し遂げられた。無意識のうちに「たいていのことならうまくやれる」という考えがしっかり植えつけられていたからだ。

あたりを見回せば、何をやってもうまくいく人が目につきがちだ。だが、その人もまた、特別に運が良かったり、突出して秀でているからではなく、このように些細なことから達成感を味わい、自信をつけ、その流れに乗って大きなことにも成功した可能性が高い。

うまくいったら充実感を味わおう

ルーティンにするために必要なファーストステップは「小さく作る」ことだと書いた。それは文字通り、最初の一歩は、タスクを最小限にすること。例えば、英作文の勉強を始めることにしたら、最初から「一日に1時間ずつ英作文を学ぶ」とするのではなく「一日に英語で三文覚える」という程度で始めよう。私たちの目標は小さなことから得られる充実感を味わうことと、仕事が終わって帰宅後の時間に英作文の勉強をするというルーティンを作ることにある。

どんなに疲れ、どんなに無気力で、どんなに忙しい日でも、必ず実践できるような小さなことから始めれば、「忙しくてできない」「疲れてできない」などの言い訳もできない。 この小さな実践が息を吸うような自然な習慣となれば、もう少しタスクを追加することもできる。

タスクが簡単すぎて、実践後に「何だ、たいしたことないや」と思うかもしれないが、**無理やりにでも「わあ、やり遂げたぞ！　自分ってすごい！」と大騒ぎしてほしい。**大げさなんかではなく、本当にすごいことをしたのだ。どんな小さなことでも、新しいルーティンを作ることは一つの挑戦だ。そんな挑戦すらできずに、相変わらず昨日と違《たが》わぬ人生を生きている人がどれほど多いことか。

どんな小さなことでも昨日とは違うやり方でやり遂げたなら、たっぷり楽しもう。そうすることで、明日「もう少し」実践の幅を広げられるのだ。

スタート時はできるだけハードルを下げる

私は小さな頃から、人より早く上手にできなければ、と自分を追い込んでいた。まるでリードを放すと今にも飛びかかりそうな荒っぽい犬のようにカリカリしていた。どんなことでも「競争」だと思い込んでしまって、始めるとすぐに上のレベルに到達したかったのだ。しかも瞑想を学ぶときですら、早く上達したいという思いから、欲に覆われた妄想を取り除いてくれるはずの瞑想そのものが、皮肉なことに欲まみれになってしまった。

今、振り返れば、それほど急ぐ必要がなかったとわかるのだが、そうと悟ったのは、すでに時間がずいぶん経ってからだ。何かに没頭しているときは、うまくやりたいという欲が目をくらませる。

一気にエネルギーを燃焼させるべきことと、ゆっくり楽しみながら地道にやるべきことを分けて考えてみた。すると、私が多くのことに挑戦しては途中で投げ出してきたのは、最初から自分の能力以上に暴走し、エネルギー燃焼に重きを置きすぎたせいだとわかった。ルーティンを作ることにまで情熱いっぱいに、急いで取り組みすぎたのだ。

最初から難しいレベルを目指して早くあきらめることと、簡単に作って根気よく持続することの、どちらかを選択しろと言われたら、当然後者を選ぶ。

スタートはできるだけ小さくしてハードルを下げ、不必要な欲に駆られて突っ走るのはやめよう。

人生は短距離走ではなくマラソンだとよく言われる。私は、人生は終わりのない散歩だと思っている。歩きたくなければちょっと座って、きれいな花があれば眺めてもいいのでは？　こんなふうに考えれば、継続できないことなどない。

義務感ではなく楽しさが大切

本当に実践したいことほど、「やらないといけないのに」という考えを捨ててほしい。意識的に力を抜いて、自然に身を任せよう。

私の場合、重要性ばかり重視して無理すると、体は正直に反発する。力が入りすぎ、強制的にやらされていると感じてしまうと、やる気が失せ、失敗の確率が高くなる。今やろうとしていたのに、誰かに命令されるとやりたくなくなるのと同じだ。「やらないといけないのに……」と思うたびにやる気が失せると考えよう。

日々同じ時間に同じことを繰り返せる人々は熱心で、セルフコントロールにも厳しい人々と思われがちだ。ところが、実のところ彼らには意外なほど力が入っていない。そしてルーティンを一度破ったとしても「ああ、私ってやっぱりダメ。意志が弱すぎる」などとひどく自分を責めたりしない。

あることに、あまりにも大きな意味づけをすると、始めるときも実行するときも失敗するときも、感情が大きくぶれる。それ自体が、大きなエネルギー消耗につながる。

努力してやっと何かを成し遂げる過程において、少し力を抜いたくらいで、うまくいかなくなることはない。私たちがあることを重要だと考えるのは、それが実際に重要だからではなく、あらゆることを重要だと考えがちな、心理的な習慣によることが多い。**力を抜いて軽やかに楽しく、今できることに集中しよう。**

毎日1kmのランニングなんて
朝飯前!

ゼエゼエ……昨日は3kmだって
走れそうだったのに……。

やる気満々の日に目標を立てると
長続きしない。

ポイント
3

大人の頭で思考し、子どもの心で行動する

工夫して楽しくすれば、続けられる

私たちがルーティン化したいことは、たいてい楽しくないことだ。ただ楽しいだけなら、たいした努力もせず、すでに行動できているはずだ。

だが、楽しくなくても、続けられるように仕向けなければならないから大変で、大変だから実践する確率が落ちるのだ。その結果、自分は世の中で最も意志の弱い人間だ、と決めつけて挫折してしまう。

やりたくないことをやろうとする「自分」を子どもに例えたなら、今度はもう1ランク下げて子犬に例えてみよう。子犬を訓練させるためには、おやつというご褒美が

必要だ。お座り、立て、待て、お手、などがよくできるたびにおやつを与えて、自然に行動できるようにする。

同様に、私たちにもご褒美が必要だ。ルーティンを一ヵ月間こなせば、忙しくて見逃していたドラマを一気に観るとか、量よりも質の良い高価なものを食べるといった、ささやかだけれど幸せなご褒美が。

ただし、ご褒美作戦も良いが、タスクそのものを楽しく感じられるのがベストだ。楽しくないことを楽しくするのは本当に難しい。

だが、**つまらないことを無理やり繰り返すよりは、楽しくするために自分なりに工夫してがんばってみるほうがずっといい。**

ホームトレーニング（家でYouTubeなどを観ながらするトレーニング）をする知り合いの例を紹介しよう。彼はただトレーニングをしているだけではあまりにもつまらないので、キラキラ光るミラーボールを買って部屋に設置し、大音量でノリノリの音楽を流してトレーニングをする。そこまでしても気乗りしないときは、トレーニングの代わりに汗のかきやすいウェアを着て、任天堂のダンスゲームをするという。楽しくて時間が過ぎるのも忘れて汗びっしょりになるらしい。同様に、もし読書するのに飽きたら、読書をするたびに自分の好きな音楽を流すのも役に立つ。

退屈なのにあえて耐え続けて実践する必要があるだろうか？　なんとしてでも楽しくしてコツコツ続ければ、道は見えてくる。

成果を可視化する

成果を可視化することの重要性も強調したい。私たちがルーティン化したいことは、短期間で目に見える成果を上げられないことがほとんどだ。今すぐ食べたいチョコレートを一個我慢したからといって、明日急に痩せるわけでもなく、今日少し本を読んだからといって、すぐにその分野に詳しい専門家になれるわけでもない。私たちは目に見えない未来の成果のために自制心を発揮させ、目の前の甘い休息を我慢しなければならないのだ。

成果は目に見えてこそ実践する意欲が湧いてくるというものだ。私は新しいルーティンを作りたいとき、「習慣《ハビット》トラッカー」という小さなメモ用紙に手伝ってもらう。ハビットトラッカーとは実践した日に色を塗ることができる31マス、すなわち一ヵ月

● **ハビットトラッカー**

Goal 毎日スクワット10回						
1	2	3	4	5	6	7
8	9	10	11	12	13	14
15	16	17	18	19	20	21
22	23	24	25	26	27	28
29	30	31				

の表だ。「毎日10ページ以上本を読むこと」「毎日スクワット10回」といった目標を書き込んでおいて、実践できた段階で色を塗る。この表を書けば、空欄を作りたくない一心で実践してしまう。色のついたマスが増えていくのが視覚的にわかれば、嬉しくてモチベーションアップにつながる。

それから、水泳やドラムのように何かを新たに習い始めたら、必ず記録に残しておこう。

例えば水泳を習う際は、初めてクロールを習ったとき、その泳ぎを動画で撮っておくことだ。英会話の勉強なら、初めて自分が英語を話す様子を動画に残すか録音する。楽器を習い始めたときも同じだ。

一ヵ月後、二ヵ月後にまた映像を撮って

最初と比べてみれば、確かに実力がついているのがわかるだろう。自分でも気づかないうちについた実力を確認すれば、次の一ヵ月はもっと楽しく、簡単に実践できる。どんなことでも直接、目で見て確認できるようにする小さな努力は、実践をはるかに容易にしてくれるのだ。

いくら努力しても毎日実践するのがとてもつらく、ルーティンにできない場合は、もう一度考え直そう。どうしてそれをルーティンにしなければならないのか、本当にやらなければならないことなのか、もしかして他人がしているから自分もやるべきだ、という義務感からではないのか——点検する必要がある。

やりたくないことを毎日、同じ時間に繰り返さないといけないのは、ある種の拷問だ。どうしてもすべきことなら、楽しくできるように努力し、ごく小さな単位に落とし込んでみる。それでもどうしてもできないようならあきらめよう。撤退すべきときを知り、キレイさっぱりあきらめるのも英断だ。

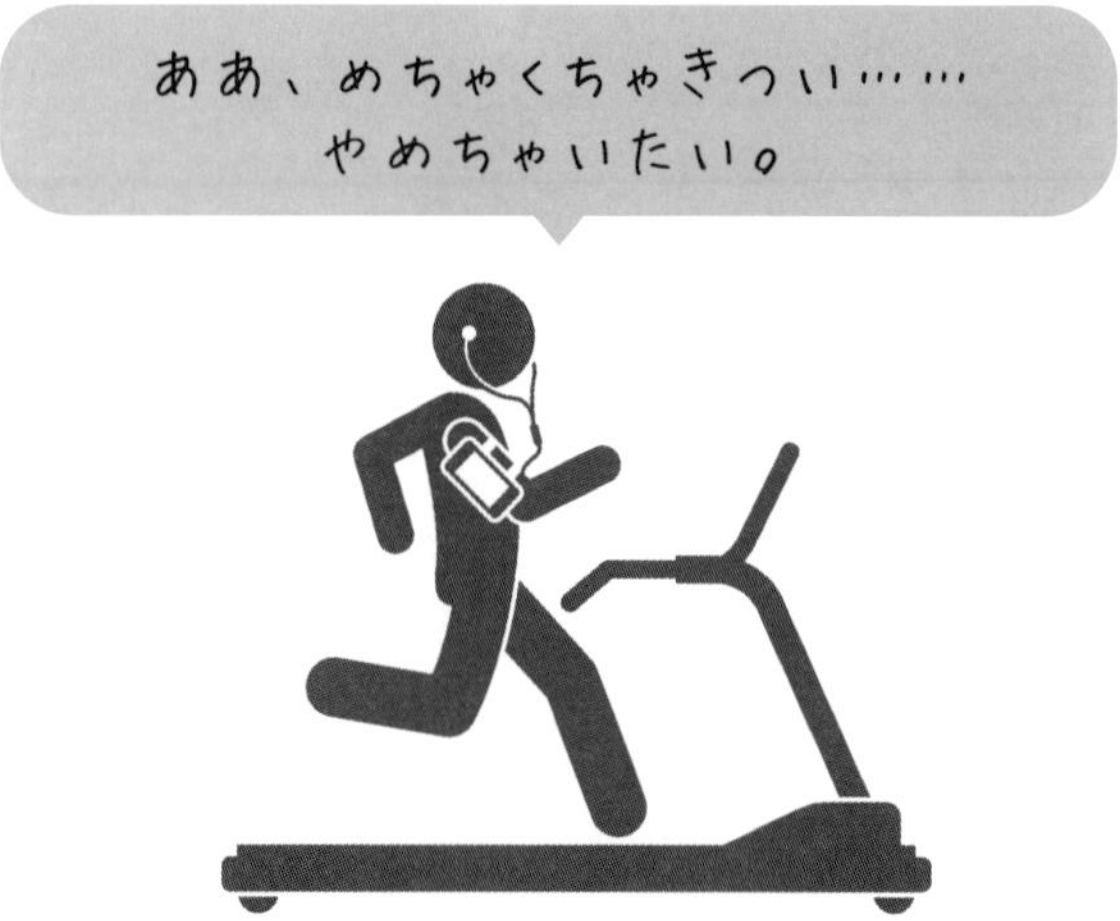
ああ、めちゃくちゃきつい……
やめちゃいたい。

じゃあ、ダンスしながら
楽しく運動しちゃおう！

少々幼稚な方法を使ってでも
楽しく実践しよう。

ポイント

4 望み通りの自分をイメージする

自分に対するイメージを変える

人々は無意識のうちに他人を決めつけている。「あの人は倹約家」「あの人はお人よしでいつも損するタイプ」「あの人はすべてのことに積極的に取り組む」など、周囲の人々に対するイメージがあるはずだ。

自分自身に対するイメージも同じだ。自分は何が得意で何が不得手なのか、またどんなことが嫌いでどんなことに自信がないか、などだ。時にはこれらのイメージが行動を決定づける。たいていは行動を制約するほうに近い。例えば「運動の素質がない」と思っている人は、運動自体をあきらめている。さまざまな運動に挑戦すれば、自分に合うものを一つくらい発見することもできるのだが、挑戦すらしないから、運動の素質がない自分から脱せない。

自分自身が苦手意識を持ちすぎると、周りにもあなたのそんなイメージを植えつけてしまう。例えば、あなたが初対面の集まりで嫌な思いをした記憶から「私は人見知りだ」と思っているとしよう。すると次に誰かと初めて会う機会が訪れても、わざわざ出向きたくなくなる。周りの友達もそのような機会があるたびに、あなたは苦手だろうと思って声をかけなくなり、だんだん新しい出会いが減っていくため、ますます「私は人見知りだ」という思い込みが強くなる。

つまり、自分に対してネガティブなイメージを決めてしまったら、いつまでもネガティブマインドを繰り返すループに入ってしまうのだ。どうせ永遠のループに入るのだったら、いっそのことポジティブなループに入るようにイメージ作りしてはどうだろうか? 「私は勤勉だ」「私は運動が上手だ」「私はまめだ」などと。

だが、このような自己暗示だけでは何も成し遂げられない。脳は単純だから、肯定的な自己暗示を繰り返すだけでも脳の構造が変わると言う人もいる。しかし私は、数十年もどちらか一方に傾いた思考回路が、数ヵ月あるいは数年の簡単な自己暗示で変わるとは思えない。もしそれができるくらいなら、変化は誰にでもお手のものだろう。

些細なことでも自分をほめる

自分をポジティブにとらえ直すためには、小さな成功を少し大げさにするというやり方が、最も現実的でラクだ。

運動を試みることさえしない人が部屋の片隅で「実は私は運動がとても上手だけど、しないだけ」といくら自己暗示をかけても、自分の潜在意識がそれを信じてくれるはずがない。それでも、少し誇張し、ふくらませたものは信じてもらえるかもしれない。

毎日運動すると決めたら、外で縄跳び100回でもしてこよう。汗をたくさんかいたわけでもなく鼻が少し汗ばむ程度でも、シャワーを浴びて爽やかな気分で、まるでマラソンでも完走した人のように水をコップ一杯がぶがぶ飲む。そしてあえて大げさにポジティブに考えるのだ。「わぁ、もしかしたら運動は性に合っているのかも！」

このような自己暗示は、行動と結びついてこそ効果がある——それがどんなに小さなことでも。

子どもは「上手だ、上手だ」とおだてれば、とにかく嬉しくてがんばる。何度も書いたことだが、日々のルーティンを作りたい場合は、意識的に自分を子ども扱いしないといけない。ほんの少しの成功も、いったん可視化して、それから大げさに、「上手だ、上手だ」とほめてあげよう。そして、実は自分は怠け者ではなかった、実は自分は上手なんだと、頭の中に植えつけられていた苦手意識を修正してあげよう。

修正されたイメージで生きるのは、まるで新しいOSにアップデートしたも同然だ。だから、今後無意識に行う小さな選択にも、そんな新たな自分の姿が映し出される。

デキる自分をイメージする

何かをする自分の姿をポジティブにイメージしてみるのもいい。二〇〇八年に韓国で放送された『神の天秤』というドラマがある。法廷ドラマで、序盤に司法修習生たちが司法修習所で勉強するシーンがあるのだが、このとき、主人公が図書館で勉強する姿はかなり印象深かった。主人公は修習所の図書館で、徹夜で勉強をしていたが、眠気に耐えられず少しの間伏せて仮眠をとろうとする。それでも寝すぎてしまわないかと心配で携帯電話のアラームをセットしバイブモードにした後、ゴムひもで携帯電話を手首に縛りつける。

私の目には、その切実さがとても素敵に映った。良い裁判官になるために必死に勉強に精を出す主人公！　それ以来、私は勉強が嫌になるたびにその主人公の姿を思い浮かべた。そして**あたかもドラマの主人公になったかのごとく、勉強する自分の姿がいかに素敵か想像しながら勉強した。**すると、少しばかりつらさが減った気がした。このような単純な方法でも、やる気に火がつく。

YouTubeのチャンネルに学習動画をアップする際は、できるだけノートを念入りに選び、字もきれいに書き、かっこよく勉強する姿を撮ってアップしようと努力している。おそらく実際の自分の姿より、ちょっぴり素敵に盛られている。見映えが良いほうが、学習者のモチベーションになれると信じているからだ。

「勉強する自分の姿は素敵！」という気分を味わえれば、つらい勉強も少しだけ楽しくなるかもしれない。もちろん幼稚な方法かもしれない。だが、人間なんてもともと単純なんだと今一度認めよう。

きついことをきついと思いながらする人は平凡な人。きついことを気楽に、楽しみながらできる人は真の上級者だ。そして、きついことを楽しく簡単にすることは、意外にたやすいかもしれない。

アラーム音におびえて、臆病だった
過去の自分にバイバイ！

自分は朝を楽しめる
イケてる人！

自分に新しくポジティブな
イメージを植えつけよう。

ポイント

5

一緒にがんばる仲間を見つける

仲間と一緒なら、もっと遠くに行ける

一人で突っ走っていると確信が揺らぐときがある。自分の苦労がムダではないかと懐疑的になったり、スランプに陥ったりする。こんなときは誰かと一緒だと心強い。互いに監視することで、実践する確率が上がることはもちろん、より持続的に突き進む原動力にもなるのだ。

何かを一緒にする人がそばに多ければ多いほど、やっていることに対して確信が持てる。「毎日それをやったからって、何が良くなるの?」と首をかしげる人が多い世の中で、信念と気力をもって地道に実践する人々が周りにいるだけで力になる。

自己啓発を目的にして出会ったコミュニティでは、当然、発展的に会話が弾む。そのような環境に頻繁に身を置くこと自体が、変化の核となり、悪い習慣に戻らないよう、乱れないよう自分を支えてくれる。

私はルーティン作りの会を作って運営している。特に「毎日デイリープランナーを書く会」は人気が高く、毎月すぐに募集が締め切られる。デイリープランナーを初めて書く人は、日常生活でしょっちゅうプランナーを取り出して書くことができない。「ここまでする?」と疑いを抱き、「これで合っているのかな?」と不安になる。

こんなとき、プランナーを書いたことのある、会のリーダーや他のメンバーがいれば、アドバイスをもらえる。すでに実践してきた先輩たちを手本にしてプランナーを書き続ければ、きっと自分にも変化が起こるという確信を得られるだろう。

コミュニティの上手な活用法

もちろんコミュニティ活動にも注意すべき点がある。群集心理による誤った信念形成に最適な場所も、まさにコミュニティだからだ。多数の人が同じテーマについて繰り返し話をするため、何人かが声高に叫ぶ主張にもっともらしさが加わると、世論は容易に形成されかねない。また、コミュニティ内だけで完結し、内部の意見だけが繰り返されると、井の中の蛙《かわず》集団になりかねない。**したがって自分の信念を正しく持ちながら、集団に惑わされないように細心の注意を払うべきなのだ。**

同じテーマで集まった会合でも、いわずもがな各自の考えが異なることがある。私が属するグループの一つ、「ベジタリアンの会」を例に挙げてみよう。

ベジタリアンにも各種あるが、魚などの海産物や乳製品は摂取するが牛や豚など肉は食べない「ペスコベジタリアン（ペスカタリアン）」から牛乳、卵、蜂蜜など動物由来の副産物も食さない「ヴィーガン」まで多種多様な人の集まりだ。ある人はレザージャケットやダウンジャケットすら着ない。厳密な実践方法は少しずつ異なるが、動物福祉と環境のためにできる限り努力しているという点で、みんなの目標は一致する。

ヴィーガンの立場から、ペスコベジタリアンが海産物を食べることを非難したりしない。ペスコベジタリアンも、自分が海産物を食すとはいえ、昨日食べたズワイガニの写真を「ベジタリアンの会」のコミュニティにシェアしたりはしない。

自分の主張を通すのではなく、大きな意味で同じ価値を追求する間柄であることを前提に、互いに配慮するのだ。この姿勢がすべてのコミュニティで求められる。**互いに少しずつ理解し配慮すれば、些細な意見の違いで論争する必要はなくなるのだ。**

すべての人に配慮を期待することはできない。自分が当然の礼儀だとする部分が、他人にとってそうでないこともある。だから、事前に会のリーダーが混乱を防止するために規則を決めておくのもいい。

再び「ベジタリアンの会」を例に取ると、「菜食に細かく線引きをして、互いに非難しないこと」「他のベジタリアンに不快感を与えかねない動物性食品や製品に対する言及を自制すること」などの規則を定めて予防線を張っておくのだ。

一人でも二人でも続けられる

コミュニティを作ろうとすると、大ごとに感じられるかもしれない。初めからあまり難しく考えるのはやめよう。一人で打ち込むのが好きなら一人でやって、一人で始めるのが難しければ友人と一緒に始めよう。ジムに一緒に通う友人が一人でもいたら、ずっと頻繁に通えるようになる。

私は文章がうまく書けないとき、大学院に在学中の友人を呼び出す。それぞれノートパソコンを持っていく約束をしてカフェで落ち合う。二人ともテーブルについて、私は文章を書き、友人は論文を書く。同じ空間でお互いに違う仕事をしているが、よく集中できる。それぞれの悩みを分かち合ったりもする。自分でどこかで勉強しようと決めても、すぐにやめられるが、友人と約束したら、約束を破るわけにはいかないから途中でやめられない。実践率を上げる一種の装置のようなものだ。

ここまで誰かと一緒に実践することのメリットについて述べてきたが、実際一人で実践するほうがはるかに気楽で慣れている人も多い。性格上、一人のほうがいいなら、あえて人を集めて一緒に行う必要はない。実践のために絶対にコミュニティを作るべきだと言いたいわけではない。

なんとしてでももう少しラクに実践してみようという、ちょっとした努力は、結果的に良い習慣とたゆまぬルーティンを作る。試しがいのある手段の一つに、「誰かと一緒」という選択肢もあるのだ。

一人だとなかなか続かないなら、
一緒にがんばれる仲間を探そう。

TIPS

一日をエネルギッシュに始めるための朝のルーティン

余裕のかけらもない朝、何の仕打ちかと思いつつ目を開けてため息をつきながら出勤準備にせかされる朝——そんな朝を変えるためには、どんなことをするのがいいのだろうか?

私は、朝は一日の雰囲気と自分のあり方を決定づける時間帯だと思っている。そのため帰宅後時間だけでなく「朝時間」にも気を使う。出勤時にニュースを見る人が多いが、私はよほどのことがない限り、朝はニュースを見ない。大半のニュースには憤りや悲しみ、心配がつきもので、怒りに満ちた悪質な書き込みまでおまけについてくるからだ。一日をネガティブな感情から始めたくないので敬遠している。

朝のルーティンは、状況に応じて少しずつ変わる。私がここ一年以上継続しているものは、起床後の運動、プランナーの記入、10分読書、朝食だ。さほど重要度が高いわけではないため、特に負担もなく、一日のウォーミングアップに適している。

運動

朝の私はエネルギーにあふれているので、夜ではなく朝時間に運動をする。退勤して疲れた状態で運動しに行くと思うと、どんよりした気分になるため、朝起きてすぐに運動開始だ。朝は最後の食事から時間が経って空腹状態で運動するため、いいダイエットにもなる。朝の運動をする際は、一晩中体が固まっているため、準備運動とストレッチで体をほぐすのが必須だ。

プランナーに「今日の決意」を記入

運動が終われば、朝食をとりながらプランナーを開き「今日の決意」を記入し、前日の晩に書いたTo-Do Listをチェックする。

ところで、To-Do Listと「今日の決意」の違いは何だろうか? **To-Do Listは、今日すべきことを重要度順に並べたもの。「今日の決意」には、主として今日一日の心構えを書く。** 一日のあり方を朝に決めると思えばいい。

例えば、「今日一日、人の話をよく聞く」「無意識に抱く感情に振り回されない」といった決意を中心に書く。その後、前日の晩に書いたTo-Do Listを見ながら、今日すべきことをもう一度おさらいする。

10分読書

朝および午前中のメリットは、誰にも邪魔されないということ。夜には退勤後に約束が入ったり、他の用事が生じる可能性が高いが、午前中は比較的少ない。ひたすら自分の思いのままにできる、誰にも邪魔されない大切な時間だ。この点をうまく活用してほしい。

私はこの時間によく本を読む。10分間は本をたくさん読むには短い時間だが、一日が始まる朝の時間に好きなことができること自体、私を幸せにしてくれる。

朝、運動をしてエネルギーが満ちたと感じられ、読書をしながらしみじみと幸せを感じられれば、良い一日になる準備が整った気分になる。

朝食

私は朝食を必ずとる。経験上、朝食をとる場合と抜く場合では、午前中のコンディションが大きく変わるからだ。特に朝出勤するやいなやひどい疲れを感じ、席についてもすぐに集中できないときは、コーヒーを飲むより朝食をとろう。

朝はうまく消化できないという理由で食事を抜く人が多いが、サツマイモやお粥など胃に優しい食べ物も多い。毎朝元気が出ず、昼前まで仕事に集中できない人は、ぜひ朝食を試してほしい。

LESSON

6

崩れそうなルーティンを守る6つの危機対処法

スランプは誰にでもやって来る。
だが、この峠をなんとか越えて
「やる気のハイシーズン」を迎えるか、
スランプにのみ込まれて
すべてを手放すかは自分次第だ。
常に完璧である必要はない。
ベストを尽くし、できる限りの範囲で
ルーティンを実践できればいい。

今こそ自分を
もっと立派な人間に高めるときだ。
今日、それができなくて、明日それができるのか。
――トマス・ア・ケンピス（中世ドイツの神秘思想家）

危機

1

夕食の約束が入って計画が崩れたとき

完璧を目指せばすべてを逃すかもしれない

何事においても、ずっと続けられる秘訣は何かと訊かれたら、まずは成果を求めすぎないことだと答えるだろう。

何かをコツコツ続けると決心したのに、途中であきらめてしまうほとんどの原因がクオリティに対する欲が強いせいだ。

神でない以上、常に完璧なことなどなく、たまたま完璧なことがあるとしても、いつもそのクオリティを維持させることなど不可能だ。ここで選択肢は二つに限られる。「どうせ完璧にできないならやめる」あるいは「クオリティを少し落とす」。当然、私の選択は後者だ。

誰もが「今日はダメだったけど、明日からしっかりやらないと」と思ったことがあるだろう。この本をここまで読んだみなさんはお気づきかもしれないが、私は自分にとってそこまで厳しい人間ではない。

それでも必ず守ろうと努力しているのが、まさに「ルーティン」だ。完璧に「きちんと」行うことが大切なのではない。ほんの少しでも実行すればいいのだ。

明日に延ばす？　少しでもこなす？

久しぶりに友達から突然の連絡を受け、夜遅く帰宅することになる日もある。会社で突発的に生じた問題に対処し、帰宅したらベッドに直行したい日もあるだろう。こんな日にはどうすればいいだろうか？

いろいろあった日だから、明日に延ばす？　少しでも決めたことをやる？　そんなときは、間違いなく少しでもこなすほうがいい。

本当に気が向かない日でも、私はこう考える。「今日やらなければ明日も絶対にやらないだろう」「明日は今日より2倍やりたくないだろう」と。なぜなら物事には、慣性があるからだ。

今日すべきことを放り出す言い訳は、明日もっとパワーアップして我が身に返ってくる。やむを得ない事情があったり、どうしても気が向かないとき、体調が悪いときでさえも、ベストを尽くして少しでも行えば、流れを止めずにできる。

そういう私も大変で面倒なときは、水泳教室に遅れて行ったり、講習の途中で少し壁にもたれて一休みしたりする。プランナーを書くのが面倒な日には、飛ばし飛ばしで書いたりもする。本を読む気がしない日には、とりあえず一ページだけ読む。**なんとしてでも毎日続けることに意義を見出す――クオリティがそれなりでも。**

やめる前に達成しやすい目標に修正する

もし目標が「毎日7キロ走る」だったのに、**達成できない日が多くなりあきらめた**

くなったら、「一年間、毎日走る」に目標を修正しよう。

「長期にわたり日々繰り返す」という大まかな目標にして、「一日にどれだけ行う」という数値設定は目標に入れないことだ。ただ、コンディションが良くて、たくさん走りたい日があれば走ればいい。そういう日は前日より多めに走りたくなるかもしれない。そういうときは、昨日よりもっと長時間走ったり、もっと速く走ったりすればいい。

逆に、走りたくない日は5分だけでもいい。ただし、5分だけしか走らなくてもストレスを感じさせないことが重要だ。**もともと「毎日走ること」が目標なのだから、5分でも1時間でも目標は達成されたことになる。**

こうやって一年を過ごそうと決心し、着実に実践すれば「毎日7キロ走る」という目標もいつか達成できるようになるのではないだろうか？

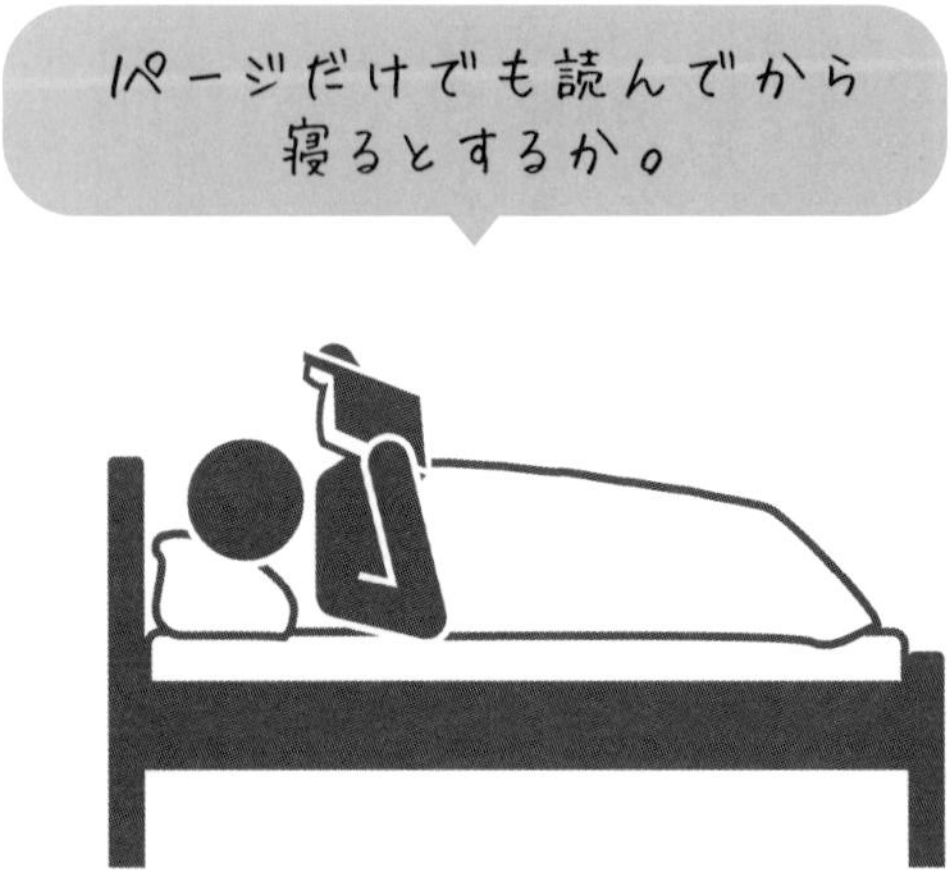

完璧じゃなくていい。ほんの少しでも
「実践する人」になろう。

危機

2

スランプと無気力が押し寄せてきたとき

どうしよう、スランプがやって来た！

急に何もしたくない瞬間が訪れる。スランプだ。コンディションが良いときは、仕事がいくら多くても「私の人生は順風満帆！」とご満悦なのに、スランプに陥ると、すべてがストレスに感じられ、過去の自分を恨めしく思うばかり。頭がパンクしそうになって、「あれこれ悩まず、しっかり休めばよかった」と後悔したりもする。こんなときはルーティンまで崩れてしまう。

では、スランプはどう克服すればいいのだろうか？

まず必要なのは、ネガティブな感情に大げさに反応しないことだ。誰でも、いつで

も、どんな状況でも無気力になることはある。

私は最初からスランプを記念日のように周期的に訪れるものだと思っている。だからスランプが訪れると「またやって来たな」と認めてしまう。〝What you resist, persists.（抵抗するほど持続する）〟という言葉がある。スランプになったとしても、「なんでまたこうなるの？　なんで私だけ？　みんなは問題なくやってるのに？」という考えに引き込まれたり、取り立てて意味づけしないよう、警戒しなければならない。

無気力とスランプを克服するコツ

周期的に襲ってくる無気力とスランプに打ち勝つ方法が三つある。

1 スランプを、やる気のオフシーズンととらえる

私はスランプを「やる気のオフシーズン」と呼んでいる。取るに足りないように見えるが、この言葉が与えるイメージとパワーは大きいからだ。無気力とスランプとい

う言葉は否定的で、抜け出せそうにないイメージを与える。しかし、「やる気のオフシーズン」という言葉は、オフシーズンがあれば当然ハイシーズンもあることを意味している。やる気のオフシーズンという言葉を使うと、「しばらくやる気が少ない時期が到来したけれど、すぐにまたやる気にあふれる日が戻るだろう」というイメージを持たせてくれるのだ。「前みたいに熱くないね」と言う周囲の人たちにも臆せず「最近は、やる気のオフシーズンなの」と言ってみよう。

スランプは誰にでもやって来る。でも、この峠を乗り越え、「やる気のハイシーズン」を迎えるか、スランプにのみ込まれてすべてを手放してしまうかは、自分次第だ。

❷仕事の全体量を減らす

やる気のオフシーズンには、当然ながら仕事の全体量を減らすのがいい。人によっては真っ向から戦う姿勢でさらに気合を入れて克服してしまうこともある。だが、そもそも意志で克服できるようなら、それはスランプではない。

柔軟に、リズムに乗ることが肝心だ。波が押し寄せてくれば力を出して抗《あらが》うのではなく、力を抜いてゆらゆら流れに身を任せる。調子が良い日には少し量を増やし、調子が悪ければ少し量を減らして、スランプがひどいときは本当にわずかな量をこなす。

肝心なのは、放り出してしまわないこと。毎日勉強するというルーティンなら、ただ机の前に座って本を開き、単元のタイトルだけを読んでまた閉じてしまってもいい。何も実践しなければもっとやりたくなくなり、そうするとスランプは長引くだけだ。量を減らしてでも、とりあえず取り組んでみよう。

③不安がらずにゆっくり休む

スランプに見舞われて仕事を減らし休息を取ると決めたなら、心配せずにひたすら休もう。かくいう私もじっとしていると不安を感じるので、うまく休みを取れないのだが、戦略的休息が必要なことはわかっている。

何もかも放り出したくなったら

自分の行動に懐疑的になり、何もかも放り出したくなる理由には大きく二つある。「目標のためには現在の楽しみを犠牲にすることもやむを得ないから」と「ここまで努力したものの、望ましい結果は保証されていないため」だ。

しかし、冷たいようだが、結果は努力に比例しない。自分は人よりずっとがんばったのに、他の人のほうが早く目標を達成し、自分は人よりずっと勉強したのに、他の人だけが試験に合格する、なんてことも必ず起こる。だから、「これが達成できなければ絶対ダメ！　どんな手を使ってでも成し遂げないと！　失敗したら完全に終わる！」と**自分を追い込みながら、目標を目指すと、人生は苦しみだらけにならざるを得ない。**

すべてをかけ、目標のために全力投球すべき時期は決まっている。大学受験や国家試験のように重要な試験を控えているときだ。でも、**人生における目標すべてにそのような態度で臨んではいけない。**今ある幸せを過度に蝕《むしば》んでまで目標を達成したところで、その瞬間、束の間、満足感に浸れるだけだ。目標を達成するまでずっと、周期的に懐疑的になり、苦しみにさいなまれることになる。

目標は単なる方向性を示すもの

目標とは、正しい行動の方向性を決めることで、現在つらい思いをして生きるためのものではない。

しかし、多くの人々が目標達成のために苦しんでいる。だからこそ、目標を達成する過程も楽しくなる方向を探してほしい。

ある数値化された目標を実現したり、絶対に欲しかったものを手に入れて感じる楽しさは、意外とすぐに消えてしまう。現代人は努力して欲しいものを手に入れる中毒になっている。比喩的表現ではなく、文字通り「中毒」になっているのだ。

数値化された目標ではなく、成長そのものをより楽しめるように、考え方を変えてみよう。昨日とは違う自分になること、昨日はできなかったことを今日は成功させること。こういう楽しみだ。

「今日も実践した」という事実から満足感を味わってみよう。実践には、自分の行動、すなわち成功という保証があり、すぐに満足感が得られる上、自分の思い通りにならないことで生じるムダな苦痛が少ない。一瞬で消えてしまう幸せと長く続く幸せを混同しないようにしよう。

スランプと無気力に襲われたら、一過性の
「やる気のオフシーズン」と名づけよう。

危機 3 努力しても満足できないとき

人はなぜ自分を責めてしまうのか

自己啓発コンテンツをYouTubeにアップロードしたところ、多くの人が私に悩み相談を持ちかけてきた。たまにライブ配信をするときも、コメントに悩みをたくさん残してくれるのだが、ある人は「100程度やり遂げなければならないのに、毎回60しかできない自分が恨めしく情けない。毎日、自分を責めても何も変わらない」と悩みを打ち明けてきた。

事実、この人のように悩んだり、計画通りにやり遂げられず、ストレスを受ける人がとても多い。そこで何が原因かを探り、二つのケースに分けて考えてみた。一つは、やろうと意を決したのに実践しないケース。もう一つは、充分に実践したのに自らまだまだだと考えるケースだ。一つずつ詳しく見てみよう。

決心しても、実践しない人の場合

頭では毎日決まって運動もしたいし、帰宅後に趣味も楽しみたいのに、いざ夕食が終わると何もしたくなくなり横になってしまう。**このようにやる気満々なのに行動に移せず、苦しんでいる人々のための解決策は、たった一つだ。「実践せよ」。**

獣医学の教科書に最も多く登場する単語が「原発巣《げんぱつそう》の除去」と「対症療法」だ。簡単に例を挙げると、癌の塊《かたまり》が胃にあって腹痛を起こす場合、鎮痛剤で痛みを和らげるのが対症療法で、手術や放射線治療で癌を取り除くのが原発巣の除去だ。

行動に移さない自分のせいで、繰り返し苦しい思いをするが、それを癒やすのは対症療法にすぎない。だから、癌の塊を取り出して痛みの原因を消滅させるためには、行動を起こして不快な気持ちを解消しなければならないのだ。

週末の朝起きると、だらだら怠けたくなりがちだ。しかし、いいかげんに一日を過ごし、何もしないまま晩になると、過ぎ去った一日が惜しくなって気分が暗くなるだろう。それを知っているから、午前からせっせと動く。運動する前は出かけたくないが、運動してみると爽快だということを知っているから動く。

行動しない人は誰も責められないから、自分を攻撃するしかない。自分を攻撃し続けると、病気になってしまう。自分を攻撃するとつらいので、後から自己正当化という対症療法を取り始める。ところが、心の底では依然として情けないと思う自分は消えない。

実践はするが、欲張りな人の場合

二つめは、実践はするが、気が短く欲張りな人のケースだ。完璧主義も同じだが、自分よりうまく実践している人と比較して、いくら努力しても自分はまだまだだと思ってしまう。「毎日コツコツ、デイリープランナーを書いているのに、書き方が下手だから、結局ムダな時間が多くなって、もどかしい」といった悩みだ。私はそれをきっぱり否定してこう言う。「毎日デイリープランナーを書いているということだけでもすごいと思わないんですか？」

焦燥感と完璧主義は、決心したことをすぐにあきらめさせてしまう。私が物事をコツコツ実践できるのは、ペースを適度に維持するからだ。あることを始め、出発点は同じだったのに、少し経つと自分より優秀な人をたくさん見かけた。でも、私が地道にやっている間に、一緒に始めた人たちが一人、二人とあきらめるのも目にした。

地道に実践することにおいて、スピードは関係ない。一日にたった1％ずつ成長しても、一年後には約37倍成長できるという[6]。私たちの目標は昨日より成功することではなく、毎日1％前後の小さな成長を続けることにある。

体調が悪い日には維持することだけを目標にしよう。自分がしようとすることはそんなに大それたことではない。何も国家代表選手として金メダルを目指し運動するわけではなく、何か大きな試験準備をするわけでもない。ただ帰宅後に、生産的なことをしたり、趣味を続けてみようというだけだ。だから自分を責めたりせず、楽しもう。

自責と正当化を防ぐ三つの問いかけ

反省は必要不可欠だ。足りなかった部分が何かをよく考え、同じミスを繰り返さずに、もっと良い方向に発展できるように振り返る過程だからだ。昨日より1%良くなるためには、昨日の自分を振り返らないといけない。問題は反省後に行動を改めるか、自分を虐《しいた》げて苦しむかだ。

意欲的な人は、振り返らずに突き進む。**だが、振り返って失敗した場所にとどまるのではなく、再びうまく進む方法を模索するのが反省だ。**失敗した場所を振り返れば憂鬱にならざるを得ないが、再び行動すれば自責の念も減り、残念な部分があっても方向を修正し続けられる。

反省にも良い方法がある。過度の自責と正当化を防ぎ、中道を守る「反省アルゴリズム」だ。そのためには、自らに次の三つの問いを投げかけてみよう。

❶なぜ計画通りにならなかったのか？

計画通りにならない理由はさまざまだ。単に意志が弱いとも考えられる。しかし、意志が弱くなったことにも多様な理由が考えられる。体調を崩した、気温がとても高かった、会社でストレスを受けた、など**計画通りにならない理由をできる限り分析しなければ、健全な解決策を見つけることはできない。**

体調が良くないなら、体力を補強する方法を探し、会社でストレスを受けたなら、ストレスになる状況にどう対処するか考えることができる。単に「またできなかった、自分ってダメなやつだ」と自分を虐げて終わらせるのとは次元が違う。

❷自分にどうにかできる問題だったか？

計画通りにいかない理由を分析した後に「自分にどうにかできる問題だったか」を考えてみる。言葉通り、**自分が努力しても変えられない問題だったのなら、早く忘れるのがいい。**思いの外、どうしようもなかったことに対して自分を責めているケースが多い。

3 ベストを尽くしたか？

エグゼクティブ・コーチングの第一人者、マーシャル・ゴールドスミスの『トリガー[7]』という本から学んだ、お勧めの反省法がある。それは「ベストを尽くしたか？」という問いかけだ。毎日実践したいテーマをいくつか決めて、フィードバックのために質問を作成するのだが、すべての質問は「ベストを尽くしたか？」という問いかけで終わらなければならない。『トリガー』ではこうした形式の質問を「能動的な質問」としている。

例えば、目標が「毎日健康的に腹八分目にする」と仮定してみよう。この目標に対してフィードバックするためには、「健康的な食事を適量だけとろうとベストを尽くしたか？」と聞けばいい。

ベストを尽くしてもどうにもならないケースもある。よりによって会食メニューが焼肉で、お酒までついているのだ。それでも、できるだけ野菜中心に適量を食べ、お酒も一杯だけにして気分良く楽しもうと努めることはできるかもしれない。

やむを得ない状況でストレスを受けるのも避けるべきだが、どうしようもなかった、と簡単に正当化することも避けるべきである。このため、最良のフィードバックは「ベストを尽くしたか？」という能動的な質問なのだ。

もともと100%計画通りに進むことはない。それは誰でも同じだ。しかし、ある人は、物事が計画通りに進まないとき、早い段階で軌道修正し戦略を練り直す。またある人は、自分を責めて苦しむ。あなたはどちらの人になりたいだろうか？　個人的な目標においてだけの話ではない。

これからの社会はより速く変化するに違いないから、問題をすばやく把握して戦略修正できる人が先を行くだろう。したがって、問題が生じたなら、いさぎよく反省し、自分を責める代わりに行動パターンを変える術《すべ》を身につけよう。

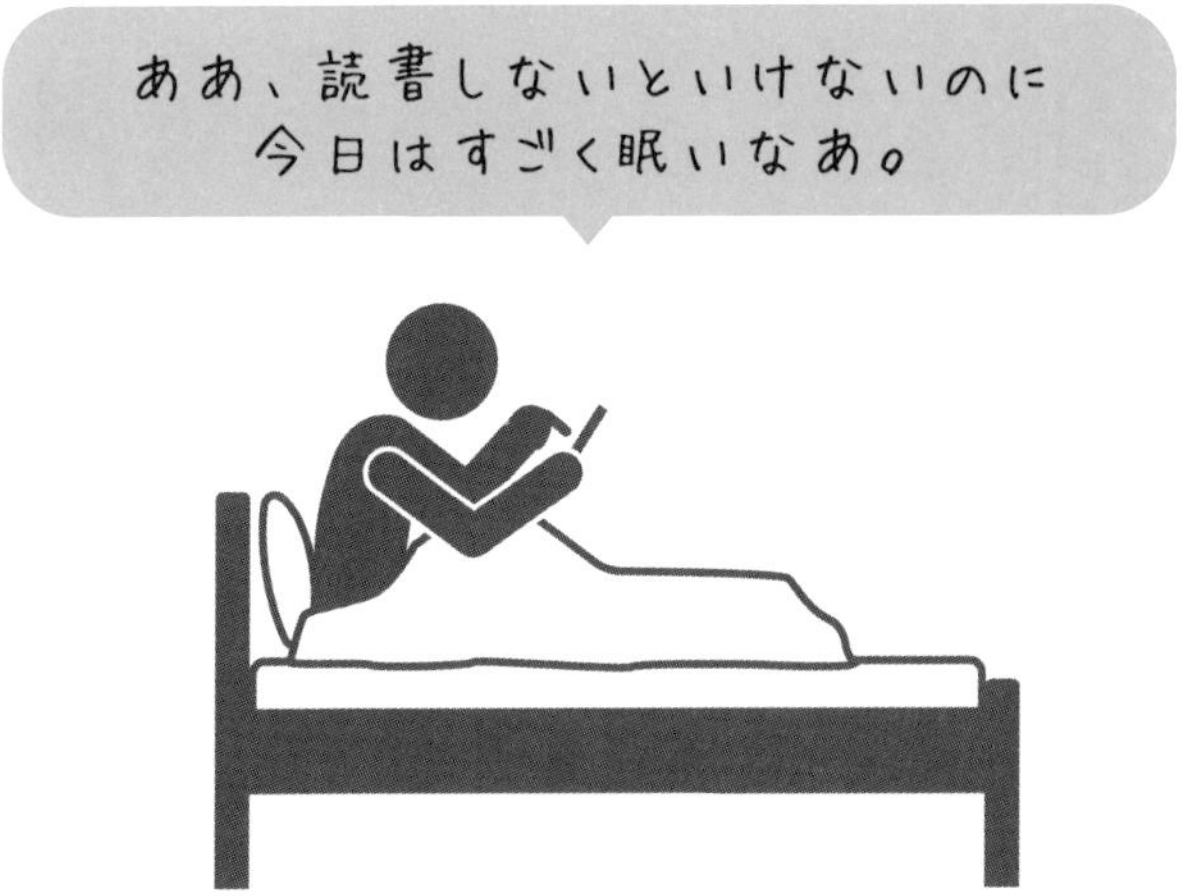

完璧でなくても、ベストを尽くしたなら、
自分をほめよう。

危機

4 初めの一歩を踏み出せないとき

完璧を期して始められない人の場合

世の中には完璧な「時」を待つ人が意外と多い。必需品の準備から心構えと時期まで、完璧なタイミングを狙ってスタートを遅らせる人々。でも、完璧な環境は思うようには整わないものだ。

「私、退職してYouTuberになる」が流行語の最近、実際にYouTuberになると断言して実行に移した人はめったにいない。久しぶりに会って「以前、YouTuberになると言っていましたけど、チャンネル開設はされました?」と訊くと十中八九、いや百中九十九は準備さえ始めていなかった。ほとんどが同じ理由だ。まだどんなカメラを買ったらいいかわからなくて、撮影用ライトがなくて、家が片づいてなくて、コンテンツが準備できてなくて、など。心の準備にしろ、物質的な準備にしろ、準備が足りないから始められないと思い込んでいる。

私はSNSで自分をブランディングしてみようと決心し、すぐにインスタグラムを始めたのだが、数日やってみたらあまり向いていない気がした。そこですぐさまYouTubeに方向転換した。その日の晩には中古市場で27万ウォン（約2万7000円）でコンパクトデジタルカメラを購入した。メモリーカードが含まれていなかったので、撮影するにはもう一日待たなければならなかったが、翌日、メモリーカードを買って挿入し、すぐYouTubeの動画を撮影してアップした。

三年が過ぎた今も、あの日買った中古カメラをメインに使っている。どんな準備がまだ他に必要なのだろうか？　ただ、あるものだけで見よう見まねで始めて、少しずつ発展させれば、なんとかなる。

完璧な準備をして始めようとする人のほとんどは、実際にはスタート地点にもつけない。そういうタイプの人はようやく始めてみても、動画を三、四本程度アップしたら息切れしてやめてしまう。動画一本に一球入魂したのだから、次の動画を撮るときはまたどれほどの気合を入れるのだろうか？　最初から力みすぎれば、瞬く間にへこたれてしまう。

「成功させよう」ではなく「コツコツやろう」

各種メディアでは、少なくとも一日30分走らないと有酸素運動の効果がないと言う。そんなことを言われると、つい「ああ、今日は休んで明日からきちんとやろう」という気になって当たり前だ。あるアイドルは一日に4時間ずつ運動をし、一日一食サラダだけを食べたという。そう聞くと、自分のダイエットが笑えてきて、急にやる気が削《そ》がれてしまう。でも、だまされるのはやめよう。そのアイドルは、新曲が出る前の二週間だけそんなダイエットをしたのだ。でも私たちは短ければ一ヵ月、長ければ一生を共にする習慣を身につけなければならない。

「完璧にできないこと」に対して、すべての人が少し寛大になってほしい。社会の雰囲気もやはりそのように変わってくれればいい。

私たちは飛行機の操縦や命に関わる治療、犯罪に対して判決を下す仕事をしているのではない。私たちのしていることの多くはミスが許される。特にこの本で伝えているルーティンの管理、サイドプロジェクト、時間管理などは、ミスが許されることばかりだ。

どうせ行うなら成功させたいと思う気持ちは理解できるが、これからは「始めたことだから、ずっと続けたい」という方向に舵《かじ》を切ってみよう。長く続けるときには、当面のクオリティよりも、持続可能であることがずっと重要だ。

今すぐ実践できる小さなタスクを前にして、「どうせ〇〇なのに」という言葉を使わないこと。人にも、自分にも言わないと約束しよう。

他人から見たらつまらないレベルのことを黙々とやり続けてきた人々は、結果的に、他人がうらやむ成果を上げるものだ。

準備が整っていないという言い訳で、
先延ばしにしているなら目標を修正しよう。

危機

5

自己正当化に走ってしまうとき

大切なのは意志ではなく実践力

元祖「勉強の神様」として、韓国で有名な人物コ・スンドクは司法試験の勉強期間に、食事をとる時間も惜しんで、ごはんとおかずをミキサーにかけて食べたという。韓国の受験生はこのエピソードになぞらえて、試験直前に猛勉強を強いられるとき「私は最近、コ・スンドクモード」と言っている。多くの人がこうした話を聞いて「意志の強さがすごい」と感嘆し、そんな強い意志を持てなかった過去の自分を責める。

私は人生の中で二度だけ大きな試験を受けた。大学修学能力試験（韓国で実施されている大学共通の入学試験）と獣医師国家試験だ。試験直前の最後の一ヵ月ほどは、食事をする暇も惜しみ、代用食を口にしながら勉強した記憶がある。人生を豊かにしてくれるほとんどのことをあきらめ、歯を食いしばり、勉強に集中した時期だ。

この種の試験に共通しているのは、終わりがあるという点だ。合格、不合格に関係なく、試験が終わるまで集中して努力すればいい。重要な試験、面接、発表など強い意志と気合、爆発的な集中力が必要な時期があるが、強い意志が必要なのはまさしくこういうときだ。

試験には明確な終わりがあるが、人生の終わりは決められていない。人々は受験生活から抜け出しても、意志を燃やしてこそ充実した人生だと錯覚している。計画を実践できない人々は自分の弱い意志を責めるが、より正確に言えば、実践力が不足しているのだ。**実践は、強い意志でやり遂げるものではない。ただ昨日していたこと、今ただちにすべきことを淡々とこなすだけだ。**プランナーを開いて、To-Do Listを見て、急で重要なことを行動に移すことなのだ。

強い意志を発動させようとするなら、並々ならぬエネルギーが必要になるが、実践することが習慣となっていれば、そんなエネルギーは必要ない。意志とは裏腹に、意識しなければしないほど効果を発揮するのが習慣なのだ。

すべてのことに気負うのはやめよう

多くの人が「自分は意志が弱いから」と切り出し、悩みを打ち明ける。時には私の意志力がうらやましいと言う。そのたびに私はこう答える。「目標はエベレスト登頂ではないでしょう？　五輪の金メダルを目指しているわけでもないでしょう？　実践は、意志で行うものではないんですよ。習慣なんです」と。

私は意識的に、「意志」という言葉の代わりに「実践力」という言葉を使う。心理的な面からも、「意志」という言葉を頻繁に使うのは良くない。些細なことでも意志が必要だと思うと、私たちは尻込みしてしまう。大変そうで、やりたいと思えず、義務感を覚えるからだ。だから、たいしたことではないという気持ちで取り組もう。すべてのことに気負えば、ムダに自分を苦しめることになる。

世界的なフィギュアスケーターのキム・ヨナ選手を扱ったドキュメンタリーには、次のようなシーンが出てくる。キム・ヨナ選手がストレッチを始めると、隣にいた監督がこう質問するのだ。「ストレッチするときは、何を考えているんですか?」。するとキム・ヨナがこう答える。**「何も考えていません。ただストレッチするだけです」。**

キム・ヨナの率直なこの答えは、放送後、インターネット上でGIF画像として出回り、かなり話題になった。淡白さを超えてドライに感じられるこの言葉には、同じことを百回も千回も繰り返したキム・ヨナの底力が感じられる。

実践する前に、そして実践するために、複雑に考えるのはやめよう。私は実践前には、できるだけ何も考えないようにしている。

実践前に浮かぶ雑多な考えは、悪い方向に流れていることに気づいたからだ。「したくない、いや、やらないと。でも本当にやりたくない、だけどやらないと……」と頭の中で押し問答していると、実践する前から疲れてしまう。

感情が実践を妨げる場合も多い。気分が良くない日は、実践前にだらだらと考える時間が長くなる。こうした考えはサボることを正当化させようとする負の感情の手先だ。毎日の筋トレを決めたのに、ジムに行きたくない気分なら、非常に理性的なふりをして自己正当化する自分が登場する。「筋トレは、もともと毎日するものじゃないんだって。休んでいる間に筋肉が回復して筋力がつくんでしょ?」「今日はちょっと調子が悪いみたいだけど、ジムに行って体調でも崩したらどうしよう。もしかして明日出社できなくなるかも？」と負の感情の手先がささやくのだ。

このような手先にやられない戦略は二つある。これが自己正当化だということに早く気づくこと。そして、手先が動き出す前に先手を打って行動に移すことだ。

母親はいつも私に言っていた。**「何でもやりたくないと感じる前にしないとできなくなる」と。いざ行動し始める瞬間、不思議なことに負の感情の手先は消え失せ、実践は持続できる。**

毎日運動すると決めたのに、運動しに行きたくないなら、「やっぱり私は意志が弱い！」と思わずに、「うーん。また考え始めたな、悪い癖！　いったん考えるのはやめて立ち上がろう！」と自分に声をかけてみよう。

あらゆることに気負っていたら、
始めるときに苦しむことになる。

危機 6 全部やめたいと思ったとき

合わないものは、捨てていい

社会人生活をしながら二回の転職を経て、三つめの職場で働くことになった。幸運にも三箇所ともすばらしい職場で働くことができた。それぞれのメリットもあり、友人たちがうらやましがるほど良い職場もあったが、引き際は未練なく、いつもさっと身を翻した。**きっぱりあきらめるのも一種の決断だ。実行上手な人はあきらめるときもスマートだ。**

成功話をしたがる人々は、「あきらめ」に関する話をしたがらない。あきらめる、すなわち失敗、放棄する人、すなわち敗北者と思うからだろうか？

やめたいと思った瞬間、疑念が頭をもたげる。「私って、この程度の人だったの？意欲満々で始めたくせに、また簡単にあきらめるの？」こんな思いに恥じ入るかもしれない。

でも、あきらめを恐れて始めることさえしない人より、挑戦し続ける人のほうがましだ。もし挑戦して、その結果あきらめることになっても、最初から始めることすらできない人よりはるかにいい。

あれこれ挑戦してみて、合わないものは捨てるのも良い戦略だ。特に、積極的に生きる決心をして間もない「新米チャレンジャー」なら、自分の好みを突き止めるためにも、たくさん挑戦することには意味がある。私も数多くのことを試したが、ほとんどやめ、自分にぴったりのものをいくつか続けているにすぎない。

誰もが試行錯誤せざるを得ないものだ。本当にやめるべきときなのか、単なるあきらめ癖なのか区別がつかない人のために三つの問いかけを紹介したい。

❶それは本当に楽しいか？

帰宅後時間に行う活動の選択基準は、何をおいても「自分が楽しめているか」だ。自分が楽しくて始めたことなのに楽しくないなら、やめることに何の問題があるだろうか。職場でも責任を取らされることがあまりにも多いのに、帰宅後にまで自らにストレスと責任感を押しつけるのは得策ではない。特にサイドプロジェクトを開始したものの、全く楽しくなければ、結局、一日中仕事ばかりしていることになる。**楽しくなければ思いきってあきらめてもいい。**

もちろんあいまいな場合もある。やっているときは楽しいが、始めるまでが面倒なケースだ。例えばダンス教室に登録し、ダンスを習うのは楽しいが、教室に行くのは億劫《おっくう》だったら？　もう少し辛抱して続けてみよう。単純に面倒だと感じる問題は長期間繰り返して習慣化すれば解消する。ちょっと始動が嫌なだけで、それがのちの楽しみをつぶしてはいないか、チェックしてみよう。

❷長期的には有用な結果をもたらしてくれるか？

楽しくなくても、持続する価値が見出せるものもある。代表的なものとしては、運動、自己啓発、瞑想などだ。これらはすぐに興味深いと感じられるものではないが、長期的には、メリットがほぼ確約されている。**この種のことは、最初に味わう苦痛を耐えて継続すれば、後になって明らかに楽しくなる。**周りの運動中毒者《ラバー》を見ればわかる。最初に上達を実感できないと、気が向かないかもしれないが、少し経てば、つらさの後に実感できる上達そのものが病みつきになる。

ちなみに、いくら楽しいことでも繰り返し行っていれば倦怠期が訪れるということも知っておこう。

今、私はこの本を執筆している。私の生涯の夢は自分の書いた本を出版すること、つまり作家になることだった。だから喜んで執筆を始めた。ところが毎週決まった分量の原稿を書くことに、義務感や圧迫感を覚える瞬間があった。今もポモドーロタイマーで計り、机の前に「自分を縛りつけている」状態だ。でも、私は文章を書くのが好きで、他人に話をするのが好きなタイプだ。ちょっと億劫だから、忙しくて、という理由であきらめたら、のちに訪れる出版の喜びをすべて断念しなければならない。

③自分でなく他の人のためにやっているのか？

①にも②にもあてはまらないのに、③に該当するからと、しぶしぶ続ける必要はない。つまり、**楽しくもなく自分に有用でもないのに、他人のために続けるなら、それは一方的な犠牲であり、持続しないのだから、ただちにあきらめてもいい。**

ボランティア活動でも、一方的な犠牲を払う人はいない。他人を助けることから生まれる喜び、満足感、内面の成長があるからやっているのだ。

やりがいも感じず、楽しくもないが、義務感でやっていることがあるなら、もう一度考え直そう。

あきらめても、負け犬にはならない

ストレスにさいなまれ、腹立ちまぎれに「あきらめる」ことがある。しかし、ストレスがひどいときには重要な決定をしないことが大切だ。一過性のストレスかもしれないからだ。

衝動に駆られてあきらめる前に、先ほどの三つの問いかけを点検してみよう。三つの問いかけすべてに「YES」ならば、思いきって辞めてもいい。 長期的に見てメリットもなく、他人のために、楽しくないことを続けるなんて、バカげていると思うかもしれないが、そういう人は意外と多い。意味もなく、他人の真似をして学ぶ外国語、義務感からいやいや実践する自己啓発などだ。

三つの問いかけはかなり一般的だと思うが、人によっては違うかもしれない。**そういう人は、自分だけの「あきらめる基準」を決めてみるのはどうだろうか？**

あきらめるのにも大きな勇気が求められる。これまでやってきた努力が水の泡になる感覚、もったいないという考え、時間を浪費したという後悔があるかもしれない。自らを負け犬だと感じ、今回も粘り強くいられなかった自分を責めることになるかもしれない。

しかし、あきらめることにあまり大きな意味を持たせなくていい。人は生まれれば死に、物事を始めれば終わりがある。**始めれば、あきらめることもあるだけだ。**

考え抜いて下した決断なら、むしろ得るもののほうが多いかもしれない。ありきたりの話のようだが、挑戦してあきらめた経験も、やはり自分を知るための時間だったのだ。経験は常に成長の糧となる。あきらめ自体は悪いことではないが、自分に対するネガティブな評価を積み重ねるのは良くない。

私たちの人生は、現在《いま》しかない。過ぎ去った時間が惜しいと何度となく振り返って自分を責めるのではなく、これから訪れる時間を、どうやってもっと充実させて大切に使うべきかに目を向けよう。

あきらめるべきときに、下手なプライドで
タイミングを逃さないようにしよう。

TIPS

帰宅後ルーティンを充実させるための体力管理法

時間管理をしっかり行い、24時間を二回分、つまり48時間の予定を組んだとしても、その48時間を耐える体力がなければ無用の長物だ。誰もが認める病弱だった私が、どんなに忙しくてもルーティンを実践できるだけの体力を身につけたいくつかの簡単な方法を紹介しよう。

●運動する

誰もが体力増進のためなら運動すべきだということを知っているが、実践するのはそう簡単ではない。それならば、自分に合う運動を見つけるための努力が求められる。楽しいものでなければ持続するのは本当にきつい。もともと私も運動を続けられず、ヨガ、ピラティス、ウエイトトレーニングなど、さまざまな運動を試みてはあきらめたが、結局水泳に落ち着いた。

運動をしない人が最初にする言い訳は、「時間がない」だ。しかし、私はむしろ忙しくなったから、運動を始めた。私はこれからもやりたいことをしつつ、忙しく過ごしたいのだが、体力不足や体を壊してできなくなるのを懸念して、運動を始めたのだ。**「時間がない」という言い訳をしないためには、出勤前の時間を活用するしかない。**運動して出勤すると、出勤後に疲れないか心配になるかもしれない。実を言うと、当初は本当に疲れた。出勤すると、病気のニワトリみたいにうとうともした。でも、二ヵ月間だけ辛抱すれば適応できるようになる。

● 最初の二ヵ月間は持ちこたえる

新しいことを始めたら体力がついていかない。しかし、**新しいことに取り組み、二ヵ月間なんとか持ちこたえれば、その生活を維持するだけの体力はついてくる。**「人は適応する動物」という言葉に改めて驚かされる。単純な方法だが、この戦略は常に成功した。

デメリットと言えば、最初の二ヵ月間は幾度となくあきらめたくなることだ。夜、涙で枕を濡らすこともあるかもしれないが、自分自身を信じて耐えてみよう。

よく食べる

人々がなかなか守れないと思うことの一つだ。「自分が食べるもの、まさにそれが自分を作っている」と言われる。多く誤解されているのは、よく食べること、すなわちエネルギー密度の高い食べ物を食べることだという考えだ。**気力が足りないとき、いわゆるスタミナ食をたくさん食べてこそ力が湧くのではない。むしろ消化の良いものを適量だけ気分よく食べてこそ活力が生まれる。**

夜食は睡眠の質を落とし、翌日、崩れた体調を整えることになるため、できるだけ避けたほうがいい。新鮮な野菜、海藻類、フルーツをよく食し、水をたくさん飲むことも忘れないように心がけよう。

散歩&日光浴

適度に日光にあたるのは、身体的にだけでなく精神的健康にも重要だ。最近はみんなUVカットに忙しい。もちろん紫外線を過度に浴びると皮膚疾患、眼疾患など多様なリスクが生じるが、日光にあまりあたらないのも問題だ。

脳は明るいと「朝だ」、暗いと「夜だ」と認識するが、現在は昼夜を問わずブルーライトで刺激されるので、脳が正常に働かない。昼夜の区別があいまいになって、眠りが浅くなる。

昼はカーテンを開けて明るく生活し、夜は電子機器の使用を減らそう。私の仕事場には窓が少ないので、日差しがあまり入ってこない。そのため、昼食後、会社の外で10分ぐらい日光浴をする。こうすることで、食後の眠気もずいぶん減った。特に季節によって気分の浮き沈みが激しいなら、日照量が減る秋や冬には昼間にカーテンを開け、暇を作っては外に出て日差しを浴びる時間を作ることをお勧めする。

瞑想

瞑想と体力に関係はあるのだろうか？　私の答えは「YES」だ。繊細な人はたいてい疲れやすく太りにくい。精神的な消耗が体力の消耗を誘引するためだ。私はもともと考え込むタイプで、絶えず騒がしくなる頭の中を鎮《しず》めるために瞑想を始めた。瞑想を始めて間もなく、以前に比べてずっと単純明快に、現在の生活にだけ集中して生きていけるようになった。やたらと先へと進んでいってしまう考えを、途中ですばやく察知して断ち、また静かな元の位置に戻ることができるようになった。

瞑想はいわば「思考のミニマリズム」の道具だ。瞑想は誰にでも適しているが、特に雑多な考えで苦しめられている人には、ぜひ試してほしい。

おわりに

私は今日も「楽しいこと」をする

私は熾烈な生き方はしない。やりたくないことを、未来の栄光を夢見てじっと耐え続けているわけでもない。ただ、生きていれば、やりたくないこともしなければならない瞬間が来る。それなら、どうやったら少しでも簡単にできるのか、そのコツを探っている。

悩み抜いた末に、やりたくないことを少しでも簡単にできる方法は「ルーティンにする」という結論にたどり着いた。そして、ルーティンをもっと簡単にして、コツコツ実践できるようにする方法について追究し、それなりに得られた結論をYouTubeを通して人々にシェアした。そして「ルーティン作りの会」を発足した。

結局、私は熾烈に生きるのではなく、楽しく簡単に生きるために、熾烈に努力する人なのだろう。「何が違うの？」と思うかもしれないが、簡単で楽しいことなら、どれほどやっても疲れないし、心身を蝕まれない。

読者のみなさんが、昨日よりも今日をより熾烈に生きるために自分にムチ打たないでほしい、という思いで執筆した本書だが、何度も読み返しては書き直したすえ、最後におせっかいながらも次のような言葉をみなさんに贈りたい。私の人生の鉄則でもある。

「好きなことを一生懸命やって、嫌いなことはラクに片づけよう」

今のあなたが何かに欠けているから、今よりもっと努力しなければならず、多くのことを改善してこそ意味のある人生を送れるのだ、などと思わないでほしい。

目標があるのはいい。だが手に入れようと必死になっても、それは無情なほど叶えられず、楽しみながらすることは日増しにうまくいくものだ。何より楽しければ、結果には執着しなくなる。

どうせすべき努力なら、嫌なことを、なんとしてでも成功させようとする努力ではなく、楽しくできるように工夫する努力をしよう。目標を達成するための行動を積み重ね、実現すれば嬉しいが、実現しなくてもいいと考えてみよう。

目標を達成すれば幸せになれるかもしれないが、意外とそうでないこともある。だが、目標に激しく執着した瞬間、人生は必ず不幸になる。いつか目標が実現する日を夢見て、ただ楽しく今日すべきことをやろう。

私はこの本を読んで幸せになる誰かを想像し、楽しみながら文章を綴った。執筆している瞬間をありがたく感じ、存分に楽しめたので、軽やかな心持ちでペンを置く。

リュ・ハンビン

特別付録

帰宅後ルーティンのための4種のプランナー

使い方

帰宅後ルーティンのサポートアイテムとして、
コピーしてお使いください。
なお、下記のQRコードを読み込むと、
文響社のアンケートフォームから
プランナーのPDFをダウンロードできます。

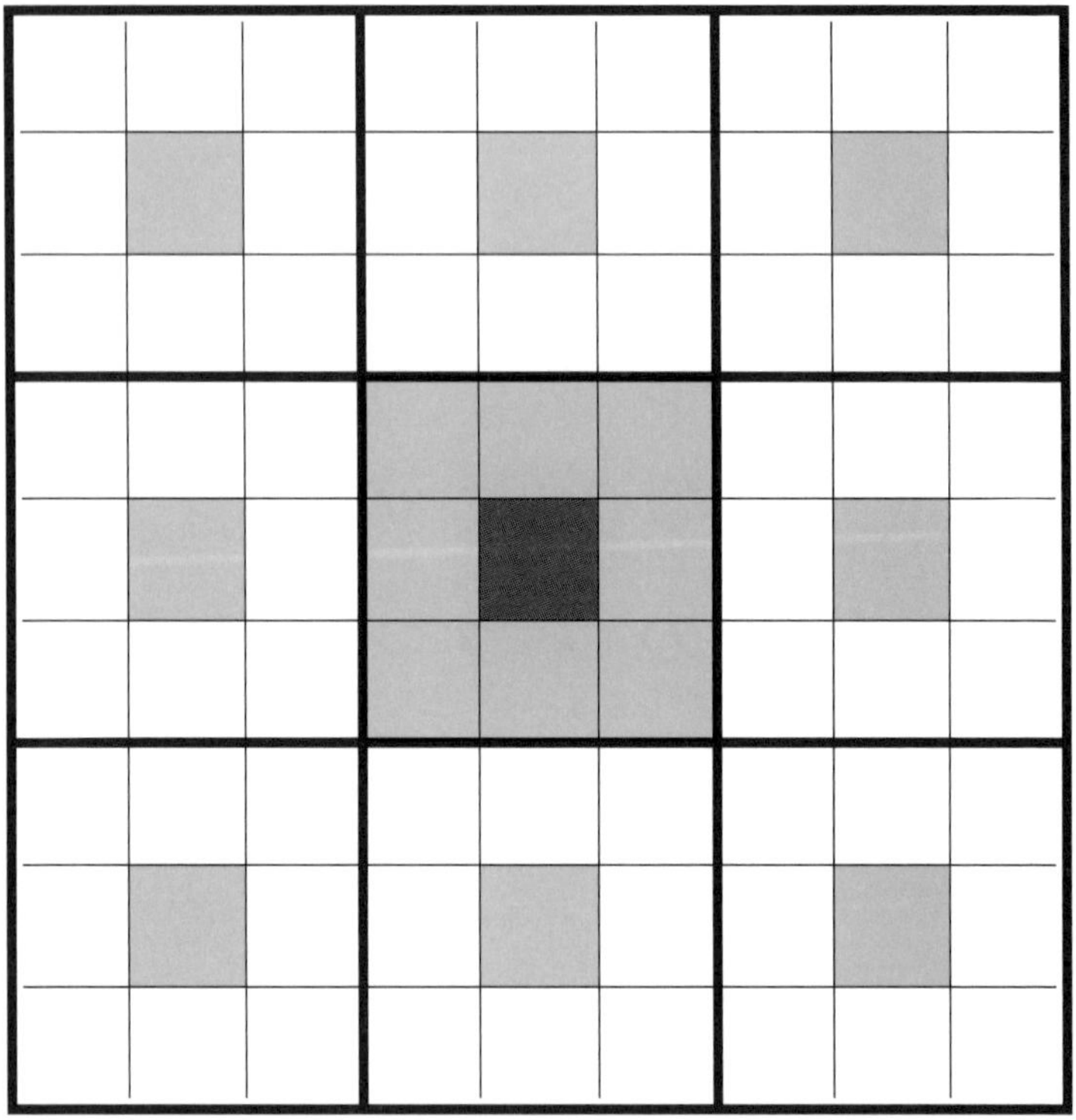

1　マンダラチャート

今日から、帰宅後時間を生産性高く過ごしたい。
そう思っていても、何から手をつけていいか
わからないなら、まず目標から整理してみよう。
マンダラチャートは、目標のために
行動の青写真を描くツールだ。

作成方法

1 自身が成し遂げたい最も大きな目標テーマを決め、
中央に書き入れる。
（例：「新年の目標」「健康な体を作る」など。）

2 大きな目標を八つのカテゴリーに分ける。
（例：「新年の目標」がテーマなら、
「人間関係」「自己啓発」「仕事能力の向上」など。）

3 八つのカテゴリーの目標を達成するための
行動を単位ごとに書く。

＊書き込み例は104〜105ページ参照。拡大コピーしてご利用ください。

ACTION PLANNER　開始日：

Goal

By when?

How?

優先順位	アクションプラン	開始日	終了日

Goal 達成！

2 アクションプランナー

マンダラチャートでまとめた目標のうち、
もう少し体系的な行動計画が必要な目標は、
アクションプランナーを活用して具体化しよう。
どのような行動が集まれば目標に進めるかを整理できる。

作成方法

1 Goalに、自分が成し遂げたい目標を書く。

2 By when?に、目標の達成予定日を決定し、記入する。

3 How?に、目標達成に向けた戦略と意気込みを書く。

4 アクションプランに、目標達成のためにすべき具体的な行動を書き、優先順位をつける。

5 アクションプランの開始日と終了日を決めて記入する。

6 Goal 達成!に、目標を最終達成した日にちを書き入れる。

＊書き込み例は111ページ参照。

EVENING PLANNER

Timetable

	MON	TUE	WED	THU	FRI
17:00					
18:00					
19:00					
20:00					
21:00					
22:00					
23:00					
24:00					

③ イブニングプランナー

「帰宅後ルーティンの時間割」であるイブニングプランナーを作ってみよう。できれば一定の時間帯に同じことができるように計画したい。

先に決めた目標を中心に決めてもいい。

または運動や読書を体系的にまとめ、夜にコツコツ行いたいことを、時間帯別に整理しても構わない。

作成方法

1. 最初に作成するときは、だいたいでいいので大枠だけ決める。
2. 数日間実践しながら順序を修正する。
3. 時間割は、すべきことを整理するだけなので、時間にぴったり合わせてプレッシャーを感じることのないように、柔軟に活用する。

＊書き込み例は153ページ参照。

DAILY PLANNER

Date :

Today's goal

Timeline

06:00	
07:00	
08:00	
09:00	
10:00	
11:00	
12:00	
13:00	
14:00	
15:00	
16:00	
17:00	
18:00	
19:00	
20:00	
21:00	
22:00	
23:00	
24:00	

To-Do List

1		□
2		□
3		□
4		□
5		□
6		□
0		□
0		□
0		□

Check

○ ○ ○ ○ ○ ○ ○ ○

Check

4 デイリープランナー

時間管理が必要な人に不可欠な事後記録型プランナー。
1時間ごとにさっきまで行ったことを記録する。
こまめに記録すると、自分が時間をどのように
使っているかわかり、新しいことをする時間も確保できる。

作成方法

1 Today's Goalに、今日一日の決意・目標を書く。

2 Timelineの左側に、時間を限って進行するルーティン、その日の約束やミーティングを記入する。

3 Timelineの右側に、今日一日1時間ごとに何をしたのか書く。こまめに書くことが難しい場合はメモ帳やメッセンジャー機能を活用し、後で書き写す。

4 To-Do Listは、前日の夜にあらかじめ記入する。重要度に従い、1番から順番に書く。0番は必ずしも重要でないが、処理しなければならない雑多なことを書き留める。

5 Checkには、重要だと思う項目を書き入れる。運動、水分摂取、ストレッチなど、一日に何回行ったのかチェックするために使用する。

＊書き込み例は142ページ参照。

参考文献

1『初等社会概念辞書』
コ・ミンスン他5名著 イウルブック（未邦訳） 2010年刊

2『一般人の金融生活報告書』
新韓銀行ビッグデータセンター編（未邦訳） 2020年刊

3『会社員の退活生現況調査』
チャプコリア・アルバモン編（未邦訳） 2018年刊

4『100万ドルの法則』
ブライアン・トレーシー著 きこ書房 2002年刊

5『休息の科学 息苦しい世界で健やかに生きるための10の講義』
クラウディア・ハモンド著 TAC出版 2021年刊

6『ジェームズ・クリアー式 複利で伸びる1つの習慣』
ジェームズ・クリアー著 パンローリング 2019年刊

7『トリガー 自分を変えるコーチングの極意』
マーシャル・ゴールドスミス&マーク・ライター著
日本経済新聞出版社 2016年刊

著者 リュ・ハンビン （류한빈）

韓国生まれ、韓国育ちの獣医師であり、時間管理アドバイザーとして時間管理や副業に関する情報を発信するパワーインフルエンサー。数年前まではフルタイム勤務の獣医として、勤務先の動物病院から帰るとすぐ倒れ込んで死んだように眠りにつき、朝になるとアラーム音で泣く泣く起きて出勤していた平凡なサラリーマン。しかし帰宅後時間を活用した結果、現在は獣医の仕事を続けながら、自己啓発系YouTuberとなり、オンライン講座やオフライン講座の講師、俳優、プランナー（スケジュール表）制作者として、やりたいことをすべて実現している。YouTubeを通じて、帰宅後ルーティンや独自の時間管理法、副業の秘訣などを発信したところ、大反響を得て累計再生数は390万回を突破した。またオンライン講座のプラットフォーム「CLASS101」で行われている時間管理に関する講座は長期間にわたり人気が集中している。
YouTube:http://www.youtube.com/c/HANBINISTUDYLOG

訳者 小笠原藤子 （おがさわら・ふじこ）

上智大学大学院ドイツ文学専攻「文学修士」。現在、慶應義塾大学・國學院大學他でドイツ語講師を務め、韓国語の翻訳に精力的に取り組むかたわら、大学等での講演や韓国雑貨販売サイト運営など活躍の場を広げている。訳書に『ある日、僕が死にました』（KADOKAWA）、『私という植物を育てることに決めた』（ディスカヴァー・トゥエンティワン）、『+1cm LIFE たった1cmの差があなたの未来をがらりと変える』『+1cm IDEA たった1cmの差があなたの心をがらりと変える』『朝イチの「ひとり時間」が人生を変える』（小社）などがある。

人生をガラリと変える
「帰宅後ルーティン」

2023年7月11日　第1刷発行
2024年1月25日　第4刷発行

著者　リュ・ハンビン
訳者　小笠原藤子

装丁　小口翔平＋阿部早紀子＋嵩あかり(tobufune)
本文DTP　有限会社天龍社
校正　株式会社ぷれす
編集協力　石橋和佳
編集　麻生麗子＋平沢拓(文響社)

発行者　山本周嗣
発行所　株式会社文響社
〒105-0001
東京都港区虎ノ門2-2-5　共同通信会館9F
ホームページ　https://bunkyosha.com
お問い合わせ　info@bunkyosha.com
印刷・製本　中央精版印刷株式会社

ISBN 978-4-86651-650-9

この本に関するご意見・ご感想をお寄せいただく場合は、
郵送またはメール(info@bunkyosha.com)にてお送りください。